U0007137

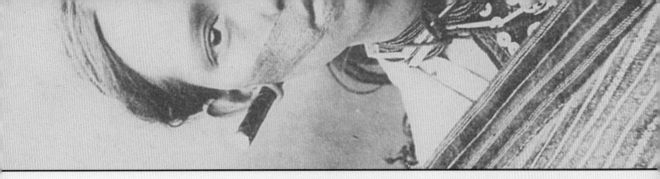

光緒十四年(1888)

臺灣內山番社地輿全圖所見的新北山區

———————— 一段清末開山撫番的歷史追尋

許毓良

著

目次

CONTENTS

臺灣生蕃（女）

東京

圖一
佚名，臺灣內山番社地輿全圖，墨印，光緒十四年（1888）印本，
（北京）中國國家圖書館藏。

圖二
1895 年臺灣蕃地圖；摘自郭俊麟主編，郭俊麟、魏德文、鄭安晞、黃清琦著，《臺灣原住民族歷史地圖集》
（臺北：原住民族委員會，2016 年 4 月），頁 III 3.03a。

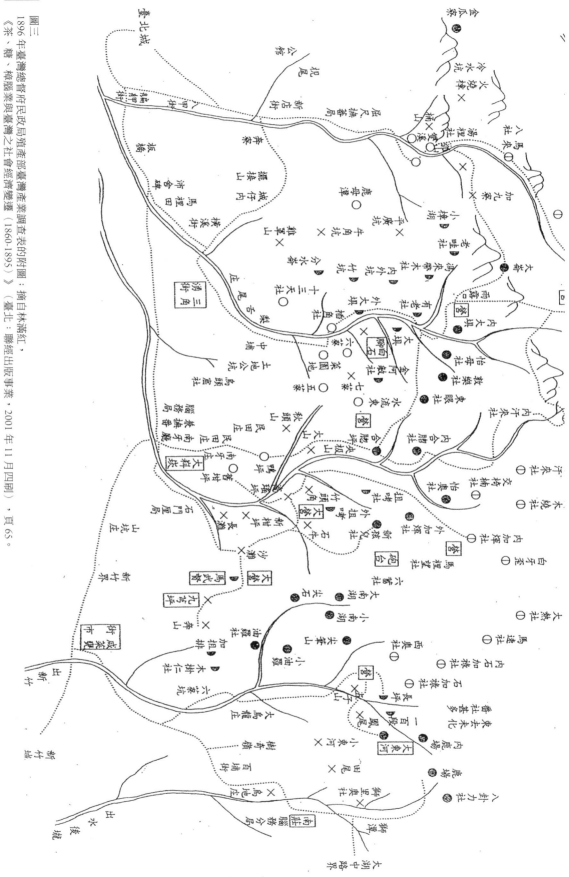

圖三
1896年臺灣總督府民政局殖產部臺灣產業調查表的附圖：摘自林滿紅，
《茶、糖、樟腦業與臺灣之社會經濟變遷（1860-1895）》（臺北：聯經出版事業，2001年11月四刷），頁65。

圖四

光緒四年（1878）全臺前後山興圖，繪出今新北市新店區與三峽區：

摘自夏獻綸審訂，余寵繪圖監刻，《清光緒四年全臺前後山興圖》（臺北：南天書局，1997 年 3 月）。

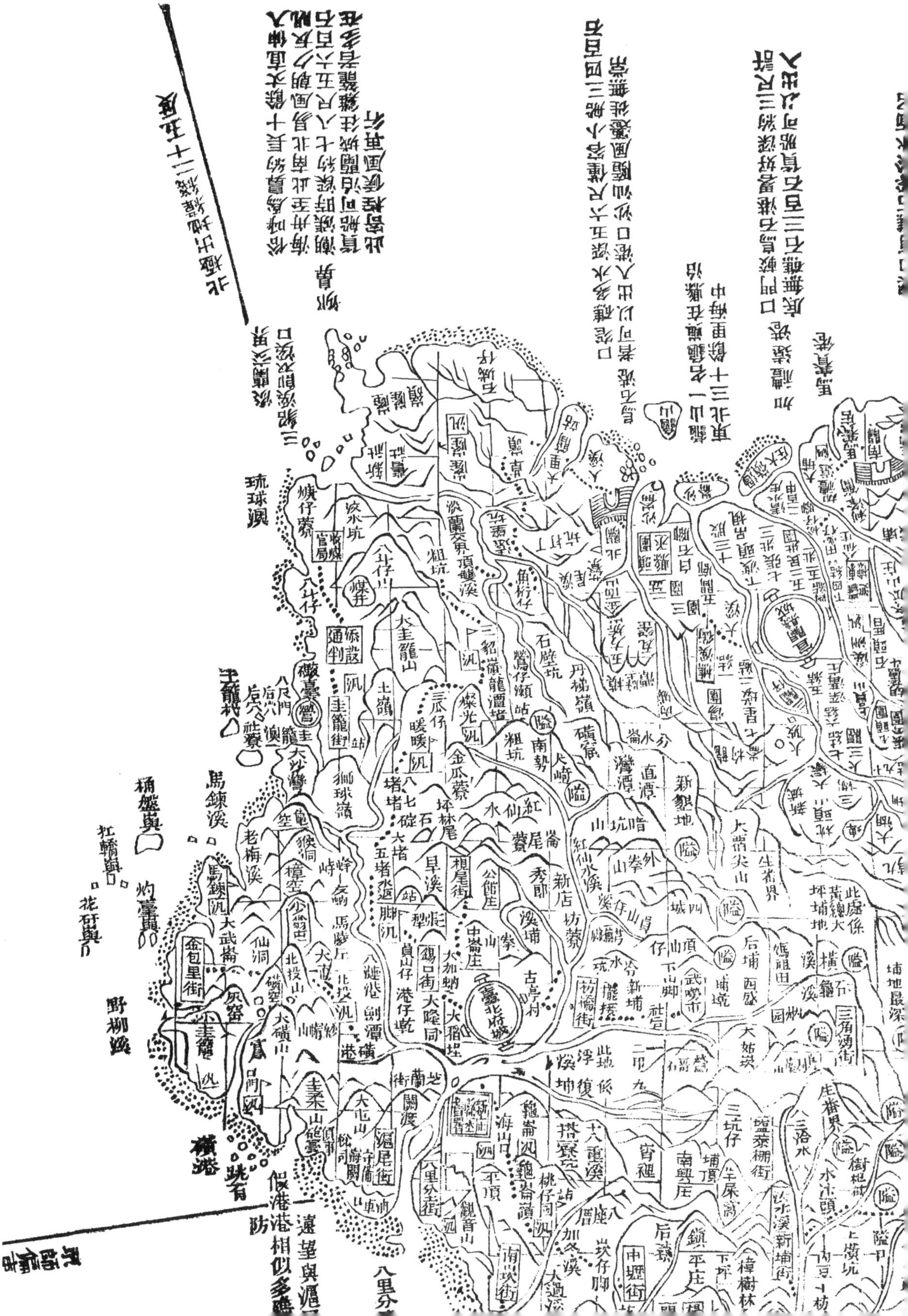

1897 年《臺北縣南北溪附近生蕃各地名山林之圖》：摘自王學新編譯，
《日治時期臺北桃園地區原住民史料彙編之一——理蕃政策》（南投：國史館臺灣文獻館，2011 年 12 月），頁 269。

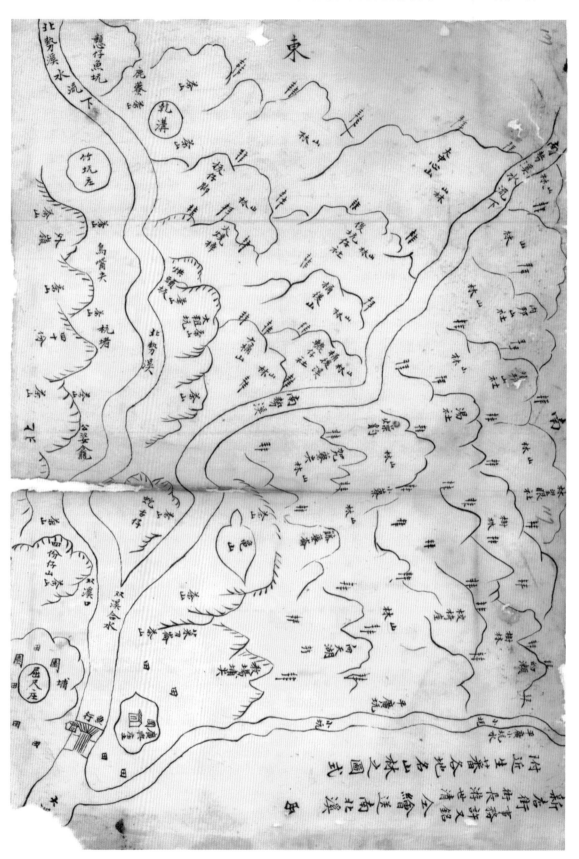

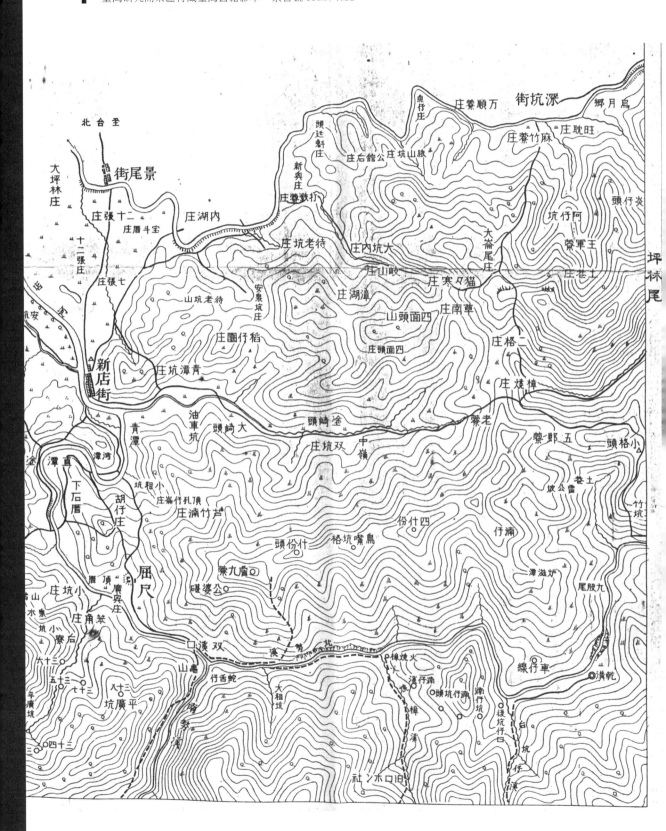

圖七
舊ラガ社與ラガ社（舊納仔社與納仔社）
伊能嘉矩蒐集，《北蕃圖—第五號大豹社》明治 41 年 10 月（1908.10）調製；
國立臺灣大學 5 樓特藏資料區臺灣研究開架區特藏臺灣舊籍影本，索書號 660.9/4032

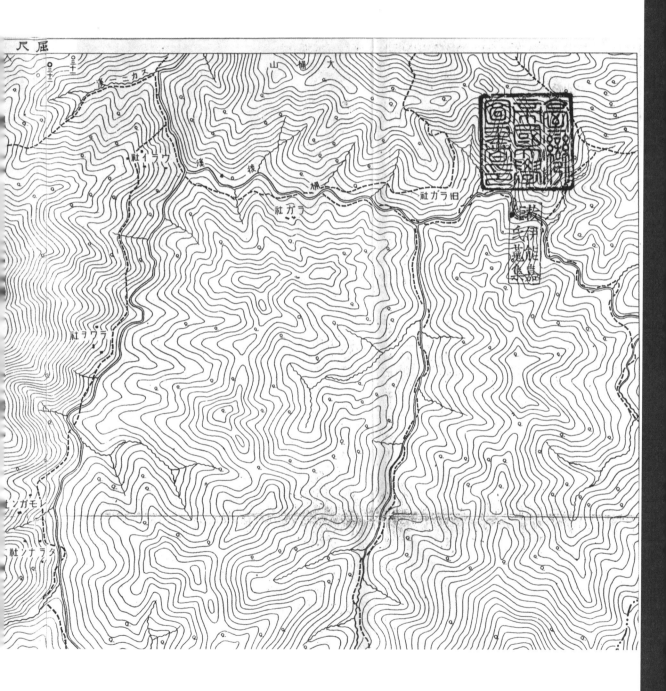

圖八
北蕃圖繪出日治初期哈盆越嶺道
伊能嘉矩蒐集，《北蕃圖》明治 41 年 10 月（1908.10）調製：
國立臺灣大學 5 樓特藏資料區臺灣研究開架區特藏臺灣舊籍影本，索書號 660.9/4032

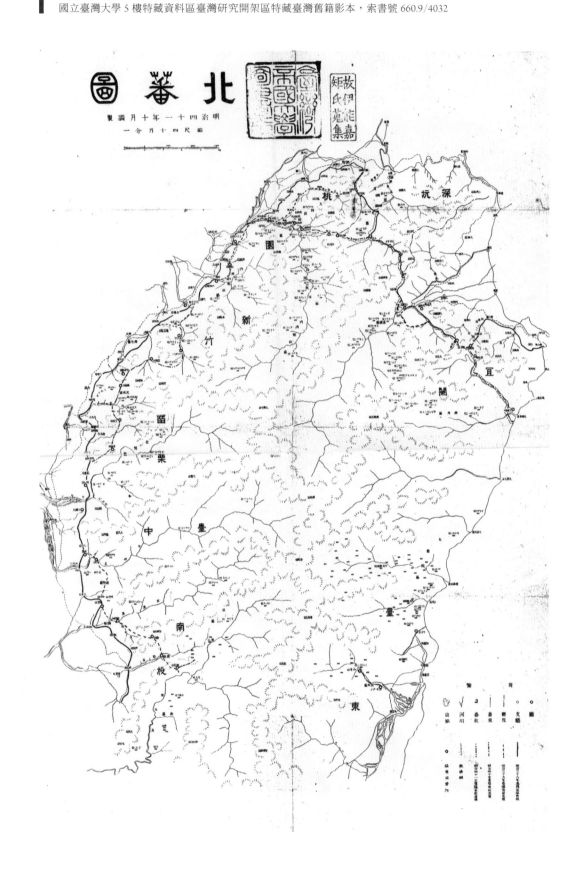

圖九
北番圖繪出日治初期嶺仔格（窟仔格）、塞口山、白石下
伊能嘉矩蒐集，《北番圖》明治 41 年 10 月（1908.10）調製；
國立臺灣大學 5 樓特藏資料區臺灣研究開架區特藏臺灣舊籍影本，索書號 660.9/4032

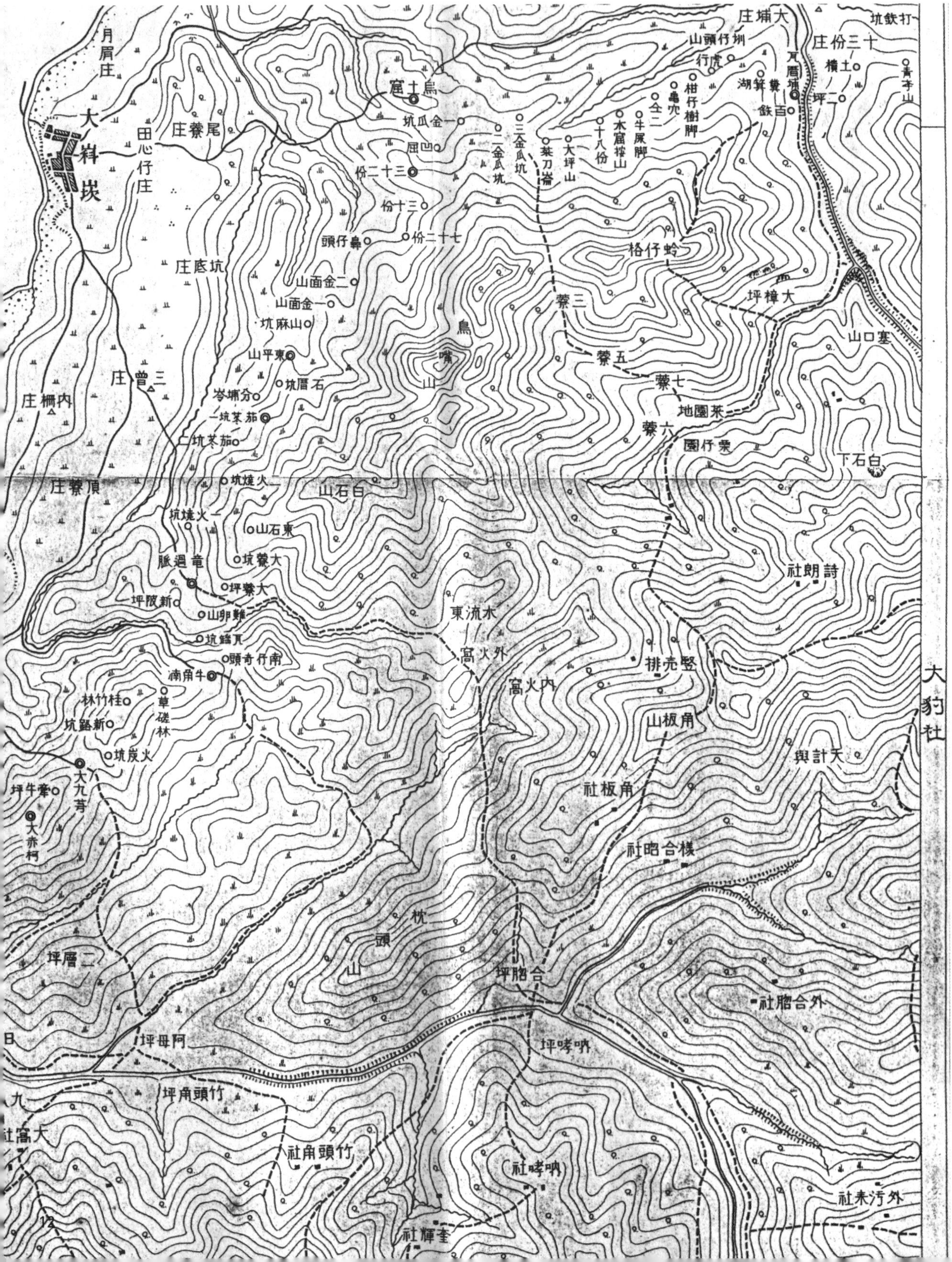

圖十
北蕃圖繪出日治初期大豹社及其他番社
伊能嘉矩蒐集，《北蕃圖》明治41年10月（1908.10）調製：
國立臺灣大學5樓特藏資料區臺灣研究開架區特藏臺灣舊籍影本，索書號 660.9/4032

推薦文

「地圖在歷史瞭解上，至為重要。它提供我們歷史事件在空間上的景況。作者以 1888 年《臺灣內山番社地輿全圖》，考證新店、烏來、三峽一帶泰雅族的部落，並實際從事考察地圖上的資訊。透過文獻與踏查，讓我們對這個地區過去族群的歷史，能有較清晰的瞭解。

作者是位充滿行動力的研究者，看到他不斷的探究些過去不為人所關注的課題，而屢有新見解與著作出版，內心至為高興。作者文中提及的林士雀隘丁首等是我在新店市圖書館籌畫一次展覽時，透過該館館長在市府內的一位同仁提供契約文書，後為高賢治收入《大臺北古契字二集》。在整個新店、烏來的族群關係中，這張契字最能說明當時緊張的程度。後來我在臺北縣發行的《北縣文化》就發現相關的契字，寫成〈安身立命赤皮湖：廖鑿在粗坑一帶的拓墾〉。廖鑿三個兒子，一個為泰雅族所殺，一個回去原鄉音信全無，一個在赤皮湖定居。

作者本書中地圖的考證，有豐富的檔案文獻之資料探討，加上實際路線的踏查，是一本認識大臺北山地地區重要的論著，值得細細研讀。」

—— **溫振華** 長榮大學臺灣研究所教授兼所長

「本書作者透過各類文獻之解讀與實地踏查，交叉比對《臺灣內山番社地輿全圖》的地名、番社，考證其演變、正確性，以及現今所在位置，讓學界與社會大眾不必再為古地圖中似曾相識的名詞所困惱。書中觀察了地圖所繪新店、烏來、三峽地區歷經清代開山撫番，日本統治的策略開發，以迄今日風貌，重現新北山區的發展史。特別的是，作者記錄了多處新北秘境的穿越方式、行前準備、所需時間、沿途見聞與鄉野奇談，對容易迷路的人，這本書不啻是古道尋奇的導航與探險秘笈。」

—— **李力庸** 中央大學歷史研究所教授

「『開山撫番』，是和平政策或戰爭？學界研究論斷不一。本書另闢新徑，以圖、文獻交互比對考證，暨說明清末官方在北臺開山撫番的征剿、入山開路，又就文獻所載越嶺古道，述說活躍在歷史舞臺裡泰雅族群的腳蹤。

以研究軍事史見長的作者，帶著圖走入田野現場，用專業眼光定位泰雅族群所處山河位置，並以照片彰顯今昔對比，側寫泰雅族群曾生息、遷徙的廣闊場域。令人發現：鑲嵌在空間裡的蛛絲馬跡，蘊涵豐富的歷史過往，帶我們走向未來。」

—— **林蘭芳** 暨南大學歷史學系副教授

「清代臺灣山區原住民的資料原本就屬缺漏狀態，在過往的史料中也僅殘留奏摺、方志、輿圖與少量的契約文書等，作者透過光緒十四年 (1888) 《臺灣內山番社地輿全圖》，意圖重建十九世紀的新北山區的「開山撫番」中的泰雅族舊社與地名樣貌，採取了歷史文獻考證，並透過地圖比對與實際田野調查的方式來進行，試圖重建出數條當年開山撫番的軍事道路與泰雅舊社位置，也顛覆與補充了吾輩對於清代末年的山區想像，也替原住民研究提供另一條路徑，故推薦之。」

—— **鄭安晞** 臺中教育大學區域與社會發展學系助理教授

自序

今年是 2019 年，也是我博士班畢業第 15 個年頭。雖然還不到 50 歲，但已經試著回憶以前的事情，感覺真是光陰似箭、歲月如梭。我會踏入歷史學界，現在回想起都是偶然；一切的關鍵是從世新三專部畢業，報名插班轉學考開始。1992 年考取中興大學歷史系旋休學服役，兩年後退伍進入興大就讀。1997 年大學畢業、1999 年政大歷史所碩士班畢業，同年考入臺灣師範大學歷史所博士班。而進入博士班就表示要以學術研究為志向，當時我延續碩士班的課題，仍以清代臺灣軍事史為主，再加上社會史人口數量與分布的討論。不過我認為此研究若要深入進行，僅是使用臺灣典藏文獻檔案是不夠，因此 2001 年前去中國尋找博士論文所需史料。這是我第一次的中國行，在北京兩個月的時間，重點放在中國第一歷史檔案館、中國國家圖書館總館與北海分館、北京大學圖書館。沒想到我在北京國圖查找資料，竟在書目卡中發現到這張珍貴的《臺灣內山番社地輿全圖》，立刻填單調閱。時光過往近 20 年，但它從庫房拿到我的桌前，看到百餘年前劉銘傳也曾看過的地圖，心中雀躍不已的激動想起來仍像昨日。在幸運之神的眷顧下，2001、2002 年我分別影印地圖的半部，拼接成一張完整的全圖，遂用於博士論文的內容中。

雖然《臺灣內山番社地輿全圖》是珍貴的史料，足以做為清末臺灣建省開山撫番的歷史縮影，但是中國學界利用度並不高。2004 年 12 月我以中國社會科學院近代史研究所博士後身份，參加院內臺灣史研究中心在北京舉辦「海峽兩岸臺灣歷史研究現狀與未來趨勢學術研討會」。會中我提交的論文旨在探討北京國圖典藏清代臺灣地圖的史料價值，對於本圖僅做概括性地介紹而已。事實上從博士論文到這篇會議論文，我對此圖的研究還是很簡單，頂多整理出繪於地圖番社數量。而對於年代的判讀，我在博士論文中一度認為是光緒十二年（1886），然為參加北京的會議，再仔細參照其他史料比對，確認應是光緒十四、十五年（1888、1889）所繪。爾後我利用此圖在臺灣學術研討會發表要遲至 2008 年，當時萬能科技大學通識教育中心舉辦「戀戀桃仔園 —— 桃園文史研究論叢」，我截取全圖中桃園山區部分單獨討論，但是針對泰雅族部落考證僅點到為止。之後我繼續以該文為基礎，再蒐集更多的史料，完成〈臺灣內山番社地輿全圖考 —— 兼談清末桃園山區的開山撫番（1885-1895）〉，並收錄在2013 年出版《新眼光：臺灣史研究面面觀》，成為許雪姬老師六十歲生日的祝壽專文。當然對於本圖的考證，我還是認為光緒十四、十五年所

繪。

臺灣學術界對於這張清末《臺灣內山番社地輿全圖》沒有太多注意，不過出版界已經有南天書局多方蒐集相關資料。2007年書局出版品《地圖臺灣——四百年來相關臺灣地圖》，公開日治初期《臺灣蕃地圖》。隔年書局出版品《測量臺灣——日治時期繪製臺灣相關地圖》，不但再次公開臺灣蕃地圖，亦附上臺灣內山番社地輿全圖「書影」，顯示出墨印「臺灣內山番社地輿全圖」十個字，以及圖例說明文字八條內容。特別是編纂者認為臺灣蕃地圖是出自於臺灣內山番社地輿全圖的摹本而重刊，亦判定臺灣內山番社地輿全圖是臺灣設立撫墾局時所繪的番社地輿全圖。2016年由南天書局提供史料，交由行政院原住民族委員會出版《臺灣原住民族歷史地圖集》巨冊，並在其《導讀指引》考證前述《臺灣蕃地圖》為1895年由臺灣總督府陸軍局發行，同時也「考證」光緒十四年（1888）繪製了巨幅《臺灣內山番社地輿全圖》。導讀指引是如何考證臺灣內山番社地輿全圖？我不得而知。不過我重新考量，光緒十五年七月四日（1889年7月31日）方本上諭檔曾記載，福建臺灣巡撫劉銘傳咨送新舊歸化番社人數地址圖說一幅恭呈御覽，而清代衙門公文作業流程大致可以上推半年左右，故把這幅地圖認定為光緒十四年繪製。

現在的我可以說研究臺灣史為職志，如果要找出哪幾位歷史人物，成為我遵循看齊的對象，應該可以列出三位 —— 徐霞客（1587-1641）、郁永河（1645-?）、伊能嘉矩（1867-1925）。徐霞客，本名徐弘祖，明末江蘇人，他的《徐霞客遊記》就是「讀萬卷書、行萬里路」的代表。雖然徐霞客沒有來過臺灣，但是集旅行家、地理學家、歷史學家於一身的經歷，對我而言心嚮往之。郁永河，字滄浪，清初浙江人，他的《裨海紀遊》是十七世紀臺灣最重要的見聞錄。其實擔任幕賓的郁永河來到臺灣誠屬偶然，要不是福州火藥庫爆炸亟需採買硫磺添製軍火，或許就不會有這次臺灣行。然事後郁氏把在臺近一年的所見所聞寫成著作，讓我們了解三百年前臺南到臺北的地理形勢與原漢風俗。伊能嘉矩，日本岩手縣人，臺灣史研究的先驅。1895年伊能來到臺灣遂與此地結下不解之緣，直到1912年返回故鄉岩手縣原野，近20年時間走遍臺灣各地。過程中他還學習中國官話、閩南語、泰雅語，進行深入的田野調查與訪談。伊能去世後三年其巨著《臺灣文化志》出版，已成為當今臺灣史研究最重要的案頭書。

說了這麼多，我就是以上述三位大師的身影，做為本書寫作的方向。烏來與三峽本來就是新北市著名的觀光景點，我在這裡走訪始終抱著旅行的心態，這就想要仿效徐霞客的精神。可是近半年的訪查是有目的，因為我申請到本年度新北市政府文化局地方文史研究調查計畫補助，這有如郁永河來臺一樣是帶有任務。更重要的是本書的下篇就是田野調查手記，我希望對新店、烏來、三峽山區的觀察，可以成為當代區域史重要

紀錄。再來才是上篇的研究成果，針對《臺灣內山番社地輿全圖》做出的泰雅族聚落、古道、地名與山名的考證，亦希望對於臺灣原住民研究有所貢獻，這就是向伊能嘉矩學習之處。

烏來泰雅族是對自己歷史與向心力相當看重的族群，我在今年 8 月 31 日參加烏來泰雅文化季（LOKAH ATAYAL）深刻感受到。更早的例子可以舉 2015 年 8 月 7 日重創烏來地區的蘇迪勒颱風。這場號稱 60 年來難見的天災，災後立刻有臺北市立大學體育系學生林英豪、女青年蔡文萱開始採訪部落的長老和婦女，並以繪製部落地圖的方式訴說著故事。這場天災也反映出一個兩極，即是福山地區房屋幾乎完好，只要道路搶通居民就可以回家。關鍵是當地房舍多建於河流高處的岩盤，遠離土石流潛在區域。反觀烏來發展的核心——烏來老街，因颱風帶來強勁雨水，瞬間沖刷邊坡，導致山溝潰堤，大量泥沙沖進房舍造成損害。於是災後大夥特別學習部落智慧，將生態工法導入進行重建。特別的是這場災害也體現烏來人情的溫暖。以前烏來老街餐廳林立，但店家總是各自忙碌少有交談。而颱風過後的重建，店家才發現到彼此一直都在身邊，於是大家分工合作拿出食材，每天在老街共餐，互相期許努力恢復老街光景。如此的共濟也發揮在泰雅族身上，當地的五個部落亦自動形成 qutux niqan（共食團）。qutux niqan 是什麼意思？在泰雅族詞彙就是一起吃飯的意思。共食組織是泰雅族傳統社會組織中，最具凝聚力的組織團體。它的成員包括認同部落、土地及組織團體者。此外今年的新聞報導指出，烏來泰雅族有一群熱心於傳統紡織技術的織女們，多年前訪問臺大人類學博物館，發現來自烏來屈尺群的披肩上有獨特的 XO 織紋，回來後苦心研究織法，終於解析出來重現祖先工藝。[1]

近半年的田野調查，我拍攝的照片以十萬計，整理起來包括山脈、河流、老樹、古道、清水祖師廟、土地公廟、有應公廟、戒治所、博物館、學校、教堂、古墓、公車亭、公車站牌、路標、告示牌、街景、橋樑、水圳圳頭、水圳圳道。在這裡我要很誠實地說，我已經很久沒有登山健行，上一次的時間可能在十餘年前；也有一段時間沒進行田野調查，大概五年前女兒出生後忙於照顧就沒有。所以這次在新店、烏來、三峽山區走動，感覺既熟悉又陌生。熟悉的是田野調查的對象若是寺廟，我在新莊、三重、蘆洲已有經驗。可是要進入山區，獨自一人往返於小徑岔路，我大多時候是硬著頭皮前往。忍受著蚊蟲叮咬、飢渴焦慮、體力耗盡又恐於迷路的緊張。這時我大概能體驗到清末開山撫番時期，第一線兵勇的心情。而今天放於南投縣鹿谷鄉鳳凰村鳳凰山寺的一塊牌匾 —— 佑我開山，它是由吳光亮之兄吳光忠贈獻，或許就是此等心情的寫照。然而辛苦總是有代價，好山好水與充滿芬多精的森林，對於舒壓與減重頗有功效。最讓我印象深刻的是當我登頂至烏來山最高峰，竟然可以用照相機遠眺獵取新北市觀音山與海面。這簡直是從臺北盆地由南看到北，我重新思考

烏來泰雅族與漢人接觸的歷史。或許三百年來漢人在臺北盆地開發的過程，隱身在烏來的泰雅族人都看在眼裡，只是缺乏文字記錄沒有直接的證據而已。

最後本書的完成我要感謝許多人的幫忙，首先是我博士論文的指導教授許雪姬女士，由於許老師的介紹，本書才能交由遠足文化印刷出版。再來是我博士論文另一指導教授溫振華先生，溫老師在 20 年前已經在新店、烏來、三峽進行田野調查並有成果出版。20 年後我再重做一次亦有學術交棒的意義。再來是彰化師範大學歷史學研究所副教授李宗信與碩士班學生李維漢。宗信與我同是溫振華老師博士班的指導學生，本書內容最重要的部分是 GIS 電腦繪圖。我對此一竅不通，但是宗信卻是該領域的專家。因此他特別指派指導學生李維漢同學協助我，參考書中討論內容重新繪出泰雅族聚落、古道、地名、山名與河流，在此致謝。再來是中央大學歷史研究所教授李力庸、暨南國際大學歷史學系副教授林蘭芳、臺中教育大學區域與社會發展學系助理教授鄭安晞。力庸學姊、蘭芳學姊、安晞與我都是許雪姬老師博士班的指導學生，我請他們為本書撰寫推薦文，毫不遲疑馬上答應，亦在此致謝。再來是輔仁大學歷史學系二位助教謝璧如、黃若瑜，我在與新北市政府文化局、國史館臺灣文獻館公文往返中，都是璧如與若瑜的幫忙才能完成，亦在此致謝。同時我也要感謝遠足文化龍傑娣總編輯的熱心協助，讓本書出版作業流程順利。最後我要感謝新北市政府文化局，因為有今年文史研究專款補助，才有成果的展現，在此致上十二萬分的謝意。

我想本書是一半學術，一半休閒的著作，可是我建議讀者還是以輕鬆休閒的心情閱讀。《臺灣內山番社地輿全圖》的研究還沒有結束，我已經完成北臺灣泰雅族分布區域新北與桃園的研究。接下來要往哪個方向？新竹或是宜蘭？兩者都非常重要，或許這是幾年後的事吧！

許毓良
2019.11.14 寫於自宅

地圖解讀

MAP

上篇 第一章

原住民是臺灣歷史重要篇章，除了做為本島最早住民之外，自十六世紀末漢人從閩粵大量移居於此，往後任何形式的拓墾多與他們有關。期間的過程以清代（1684-1895）最為關鍵。二百年的時間臺灣西部平原已開墾完成，其土地地權運作，漢人都與一群被稱為「熟番」的原住民對應。

牡丹社事件

同治十三年，清日發生在恆春半島的衝突，從中國近代史或臺灣史的視角皆稱為牡丹社事件，但從日本近代史視角則稱為臺灣出兵。事件導火線是同治十年（1871）琉球船隻遭風遇難，劫後餘生者上岸被排灣族高士佛社獵首。同治十一年（1872）日本設「琉球藩」，隔年外務卿副島種臣（1828-1905）出使北京，並探詢清廷對此事的態度，不料軍機大臣毛昶熙（1817-1882）以「生番係我化外之民，問罪與否，聽憑貴國辦理」回覆。於是日本借端興師問罪於「生番」，兵鋒所指牡丹社與高士佛社。直到同治十三年八月（1874年9月）為止，日本集結在車城、恆春附近的軍力有 5,990 名，而清廷調派的淮軍移駐枋後、鳳山也有 6,500 名，雙方劍拔弩張有可能一戰。不過欽差大臣沈葆楨處置得宜，清日沒有開戰，加上英國駐北京公使威妥瑪（Thomas Francis Wade, 1818-1895）介入協調，並替清廷草擬《清日北京專條》。最後清廷賠款日方軍費 40 萬兩、撫卹銀 10 萬兩，換得日軍退出臺灣，事件落幕（照片 1-1）。

照片 1-1
懸掛在今高雄市鳳山區雙慈亭由淮軍贈與的匾額

直到清末治臺政策改變，執行所謂「開山撫番」才與大量「生番」接觸。

考「開山撫番」一詞最早提出者，應是來臺處理牡丹社事件的欽差大臣沈葆楨（1820-1879）。同治十三年九月二十二日（1874年10月31日），《清日北京專約》簽署完成，代表該事件落幕；但沈葆楨卻沒有急著離開臺灣，反而以欽差大臣之尊檢討昔日治臺成效。沈氏對於臺地延袤千里，然官吏所治者僅止於平原最感不滿。故奏請朝廷開禁，特別是廢除所謂的「番界」。因此同年十一月十五日（1874年12月23日）他提出「開山而不先撫番，則開山無從下手；撫番而不先開山，則撫番仍屬空談」的主張。所謂「開山」包括屯兵衛在內的14項工作，「撫番」包括選土目在內的11項工作。至於招撫的生番分為三類——兇番，恃其悍暴、劫殺為生，如牡丹等社（屏東縣恆春半島排灣族）。良番，居近漢民、略通人性，如卑南（臺東縣卑南鄉卑南族）。王字兇番，雕題鑿面、向不外通、屯聚無常、獵人如獸，如臺北斗史等社（宜蘭縣南澳鄉泰雅族）。[1]（照片1-2）

照片 1-2
陳宗仁編撰《晚清臺灣番俗圖》，此圖為光緒元年（1875）下半年，福州船政學堂委員張斯桂（1817-1888）督率學堂藝生繪製而成。原圖收藏於中國北京故宮博物院，並由中央研究院臺灣史研究所陳宗仁教授解讀。該圖像資料為同治末、光緒初「開山撫番」政策的重要歷史見證。

陳宗仁 編撰　中央研究院臺灣史研究所
【晚清臺灣番俗圖】

第一階段的開山撫番，僅六年就結束了。主因是朝廷認為耗費餉銀數十萬兩，卻未有任何成效。於是光緒六年（1880）德宗諭令暫停臺灣後山（花蓮、臺東）開墾，騰出的餉糈移做北洋海防之用。[2] 雖然隔年四月新授福建巡撫岑毓英（1829-1889）曾在巡視臺灣時，展現出開山撫番的興趣。可是光緒八年五月岑氏改調雲貴總督，短暫地巡臺並沒有讓此業績增加多少。[3] 直到光緒十一年四月清法戰爭結束，同年九月五日（1885年10月12日）清廷下詔臺灣建省，並任命劉銘傳（1836-1896）為首任巡撫，此時開山撫番的工作有了不一樣的氣象。[4]

有意思的是劉銘傳還未被拔擢巡撫之前，即在同年六月十八日（1885年7月29日）專摺具奏臺澎善後事宜。文中提到全臺生番急宜招撫，並指出「番禍」一興民番俱斃，若生番歸化則內亂無虞，既可減防節餉，又可伐內山之木以裕餉源。最後指出當設防、練兵、清賦三件事情辦成，就可以進行撫番。[5] 由前述可知，劉銘傳認為第一階段開山撫番是失敗，否則不會到了臺灣建省，還要再進行撫番。最值得注意是劉氏提到「伐木裕餉」一事，其實伐木就是砍伐樟樹、以利焗腦、以裕餉源。此點與第一階段以花蓮、臺東為主招墾完全不同，爾後成為巡撫的劉銘傳雖然宣稱「開山撫番」遍及全島，但最重要的地區實為大甲溪以北，就是著眼於「伐樟利餉」。（照片 1-3）

照片 1-3
宜蘭縣羅東鎮樟仔園文化園區內的高大樟樹，現今已很難得見到自然生長超過五層樓以上的樟樹，但在百餘年前的臺灣所在多有。

只可惜清末最後十年開山撫番的史料留存不多。其實步入日本殖民之初，臺灣人類學研究與臺灣史研究先驅伊能嘉矩（1867-1925）就已經提到，花東開山撫番皆無卷可稽。[6]1895 年乙未割臺戰爭，臺灣烽火連天，各廳縣衙門檔案舊籍焚毀不少，想必與此相關的公文簿冊都已散佚（僅剩「淡新檔案」稍具規模，其次是殘存事涉恆春、彰化縣的「劉銘傳撫臺前後檔案」）。幸好還有一幅重要的地圖傳世——（北京）中國國家圖書館典藏《臺灣內山番社地輿全圖》，可以讓後世了解建省後開山撫番之梗概。

對於此圖，筆者已經在先前發表的文章做出考證。當時認為該圖的繪製可能在光緒十四、十五年（1888-1889），然考慮到光緒十五年七月四日（1889年 7 月 31 日）方本上諭檔曾記載，福建臺灣巡撫劉銘傳咨送新舊歸化番社人數地址圖說一幅恭呈御覽，而清代衙門公文作業流程大致可以上推半年左右，故把這幅地圖認定為光緒十四年繪製。[7]如此看法亦有根據，1895 年 8 月首任臺灣總督樺山資紀（1837-1922）頒布撫綏原住民訓令，旋提到要複製舊政府於光緒十三年（1887）前後所繪地圖。[8]不過此圖的來龍去脈還有一事需要推敲，蓋因於伊能嘉矩在《臺灣文化志》提及，他曾經看過一幅「臺灣番地圖」，圖中曾表明全臺番地皆已歸化，並盡其所知列舉番社名約一千二百餘。然此圖主修者未詳，可能是全臺撫墾總局。伊能認為該總局繪圖時，曾向各撫墾局徵集分圖，而他是在宜蘭叭哩沙撫墾局（亦稱叭哩沙喃，今宜蘭縣三星鄉）看到稿圖一葉。[9]但是在同書其他段落，伊能又說「臺灣番地圖」製成於光緒十九年（1893），並載有撫墾局實查數字稱：「光緒十二年以後，歸化生番八百六社，男婦大小丁口合計一十四萬八千四百七十九人。」[10]難道《臺灣內山番社地輿全圖》與《臺灣番地圖》是不同的兩張地圖？

原來前者最關鍵的圖說，伊能嘉矩透過「節錄」的方式呈現，再加上考證有誤，遂讓後世混淆。以下即是《臺灣內山番社地輿全圖》的圖說引文：

一、 自光緒十二年以後，歸化生番一千二百餘社。內有社小丁稀者數社，歸併一社，選一土目管束。其十二年以前舊撫百餘社，圖俱未載。合計現在圖內所載八百零六社。

一、 自光緒十二年以後，所撫前後山各番社男婦大小丁口合計一十四萬八千四百七十九人。[11]

透過原圖比對，發現歸化生番一千二百餘社，以及番社男婦大小丁口一十四萬八千四百七十九人，二張地圖陳述完全相同。至於伊能所言「歸化生番八百六社」，應是一千二百餘社歸併後的結果。由此更可以證明《臺灣內山番社地輿全圖》的珍貴性。此圖長 215 公分，寬 96 公分，繪

照片 1-4
2005 年開館營運的新北市
烏來泰雅民族博物館

照片 1-5
「王字兇番」的意思指的
是額頭刺青圖案類似「王
字」,從文字史料記載解讀
是今宜蘭縣南澳鄉泰雅族無
疑。可是泰雅族的男子,不
管分布於何處,若臉上有刺
青,僅是額頭「一條線」,
下巴「一條線」而已,沒有
「王字」的圖案。這一點在
《晚清臺灣番俗圖》(頁
25)已有敘述,並且稱「臺
北生番素稱兇悍,所謂王字
兇番是也。然細觀之,實非
王字。」然而史料稱「王字」
也非空穴來風,如早期部分
泰雅族女性(2004 年正名
由泰雅族析分出太魯閣族,
2008 年正名再由泰雅族析
分出賽德克族,此新臺幣套
幣的圖案是賽德克族),額
頭刺青,有「數條線」圖案,
乍看之下就形成「王字」。

製方法為墨印。由於本文只討論地圖所繪今新北市山區,故只影印新北市新店區、烏來區、三峽區(照片 1-4),以及桃園市復興區部分範圍進行討論(參閱圖一)。

另外,上文提到日治初期複製舊地圖。該圖後來被命名為《臺灣蕃地圖》(清代都用番,日治多用蕃),由臺灣總督府陸軍局發行。[12] 該圖長 115 公分,寬 57.6 公分,雖是臨摹本,但卻寫上比例尺約為四十三萬六千分一(參閱圖二)。[13] 若把原圖與臨摹本比較,很顯然臨摹本小於原圖約二分之一篇幅。它造成的結果是《臺灣蕃地圖》雖也繪製出與原圖差不多數量的番社,但番社與番社之間的道路卻很模糊,不利於番社地點的考證。第三張地圖可以與《臺灣內山番社地輿全圖》所繪新北山區配合討論,則是 1896 年臺灣總督府民政局殖產部臺灣產業調查表的附圖。此圖最特別之處,即是以不同圖例顯示今新北、桃竹苗山區樟腦資源多寡狀況。(參閱圖三)。[14]

泰雅族研究是解讀本地圖的關鍵,從前述提到「王字兇番」有別於兇番,可知該族的強悍讓清廷印象深刻(照片 1-5、1-6)。在清末史料稀少情況下,日治時期的研究成果相對重要。若以官方主導並進行系統性調查與研究而言,1901 年成立之臨時臺灣舊慣調查會最為重要(1900 年工作先行展開)。該會在 1919 年解散,期間調查對象一開始以漢人為主,但在 1909 年設立蕃族科後,轉而對原住民進行調查。[15] 它曾出版三大套叢書,可謂心血之結晶——《蕃族調查報告書(八冊)》、《蕃族慣習調查報告書(八冊)》、《臺灣蕃族慣習研究(八冊)》。

《蕃族調查報告書》涉及到泰雅族研究,則是在第五冊前篇與第七冊後篇。前篇調查對象是大嵙崁蕃,後篇是屈尺蕃,皆與本文討論有關。[16]

照片 1-6
1903年泰雅族屈尺群烏來社
女子肖像，此照片是由「蕃
通」森丑之助（1877-1926）
拍攝，森氏與伊能嘉矩是同
時代人，也是日治初期研究
臺灣原住民的重要學者。從
這張明信片解說文字來看，
當時森氏的成果已被東京帝
國大學理科大學人類學教室
典藏。更重要的是該照片成
為烏來泰雅族女性歷史人物
代表，她被放大製成影像展
示在今天烏來泰雅民族博物
館樓梯間的牆壁中。

《蕃族慣習調查報告書》對於泰雅族的調查合訂為一冊，並以總論的方式撰寫，主要內容是傳說採集、種族體貌與心性、宗教祭祀、食衣住、婚姻、財產、繼承、社會體制。[17]

《臺灣蕃族慣習研究》是在前二套叢書基礎上完成，可是單本書名沒有以哪一族群為主。事實上該書對於原住民的研究，以不同議題方式呈現，例如：第一編蕃族概況，第二編父系社會與母系社會，第三編親族、家族、家族制、婚姻制。[18] 該叢書內容涉及泰雅族部分，在1972年編修《臺灣省通志‧同冑志》時被節錄翻譯。[19]

除了日治學術成果之外，臺灣總督府與所屬單位出版品也值得注意。總督府是殖民統治的中樞，下屬單位必留有大批原住民資料，保存在「臺灣總督府公文類纂」檔案之中。諸如官廳事務報告 —— 大嵙崁撫墾署、三角湧辨務署事務報告，或者踏查覆命書、蕃情報告書，皆記載不少烏來、三峽泰雅族的狀況（照片1-7）。[20] 至於警務系統史料亦豐。1895年5月臺灣總督府民政局內務部警務課成立。隨後為平定漢人武裝抗日，遂擴大警務編制。1901年11月民政部（民政局改制）設立警察本署，主管官員稱警視總長。1909年廢除警察本署，改制為內務局警察課。1911年再次設立警察本署，1919年再次廢除警察本署，改制為警務局，主管官員為警務局長。[21] 這一段時期警務單位出版二套叢書 ——《理蕃志稿（四冊）》、《高砂族調查書（六冊）》。

《理蕃志稿》以編年的方式蒐集、整理總督府理蕃之公文，起迄時間為1895年至1926。[22] 其內容與本文最有相關是第一卷，皆為1895年至1909年對於大嵙崁與屈尺的理蕃事物，特別是提到清末衙署如何招撫泰雅族，或者各番社名稱與受管轄頭目名字。

照片 1-7
臺北市國定古蹟南門工場，
現由國立臺灣博物館規劃為
南門園區。日治時期分別興
建為樟腦與鴉片的加工廠，
由於二十世紀初臺灣樟腦生
產執世界之牛耳，因此現在
保留的紅樓（樟腦倉庫）、
小白宮（物品倉庫），都是
世界級的歷史遺跡。

《高砂族調查書》內容側重總督府理蕃的成效，所謂的調查主要是戶口、衛生、生活、教育等項目，而出版的時間已晚至 1936、1937、1939 年。[23]雖然該書所記，距離清末已經很遙遠。不過第五冊的內容「番社概況」，曾調查屈尺蕃七社的歷史具有參考價值。[24]

最後在戰後研究回顧上，今新北市烏來區、三峽區泰雅族成果亦有可觀。溫振華，二十世紀末以歷史縱深角度，探討清雍正至日治結束，烏來地區社會經濟發展情況。其重要論點是烏來泰雅族的遷徙，非一般認為十八世紀末，因為在更早的十八世紀中葉，文山地區漢人（景美、木柵、深坑、新店）已經受到獵首的威脅。[25]之後溫氏繼續探討新店開發過程，烏來泰雅族對其影響為何，並發現《安坑吳厝古文書》、《赤皮湖廖家古契》。[26]

鄭安晞，歷史學與民族學專攻，研究成果集中在清末、日治越嶺古道，以及原住民舊社的考證。對於烏來研究有獨到之處 —— 先解讀文獻史料，再親自踏查日治遺留迄今的道路，完成地名、山名、社名的田野調查。[27]而其力作是探討日治蕃地隘勇線的歷史，特別是分布在今新北山區九條隘勇線的變遷，過程中與烏來、三峽泰雅族息息相關。[28]

洪健榮，清代臺灣史專攻，曾利用「臺灣總督府公文類纂」臺北、桃園地區原住民史料彙編，以及《臺灣日日新報》的報導，討論三峽大豹社的歷史發展，這是極少數對三峽泰雅族研究中的一篇。[29]

江桂珍，人類學專攻，長期關注原住民族社會文化相關議題。從 2003 碩

照片 1-8
2009 年 11 月臺北縣政府所立的石碑，關於獅仔頭山隘勇線的發掘與調查，最終以古蹟的型態保護，地方文史工作者出力甚多。

照片 1-9
臺中霧峰林家宮保第第三落，此建築是咸豐八年（1858）由日後擢升福建陸路提督林文察（1828-1864）所建造。其子林朝棟曾在光緒十七年（1891）率部增援今桃園市山區的開山撫番戰爭，承平期間想必也在此建築居住。

士論文開始針對烏來泰雅族展開研究，內容包括：織藝文化、祖靈祭儀、族群工藝品與觀光紀念品、博物館設立。雖然研究領域以二十一世紀烏來泰雅族為主，但一些文化變遷的思考仍具參考價值。[30]

高俊宏，藝術創作理論專攻。從專業領域來看，似與泰雅族歷史無關。但近五年來他致力於找尋三峽大豹社遺跡，在大豹溪流域至少發現了 27 個泰雅族地名，以及 16 個泰雅族部落。[31]

當然，戰後的研究理當不會這麼少。尤其近十餘年來地方文史工作者投入，例如：新北市文史學會夏聖禮、拳山堡文史工作室李順仁、作家莊華堂，加上旅遊、溪釣、景點指南成果豐碩。或許有人會感覺成果看似雖多，但總帶有「休閒」性質，或者「村史」的格局。可是審視內容，絕大部分都是撰寫者親自踏查過，這對於百餘年前藏身於新店、烏來、三峽山區的老地名、老道路、老聚落的考證十分有幫助（照片 1-8）。

本書仍以考證《臺灣內山番社地輿全圖》為主，原因是有些清末關鍵性史料仍未公開或發現。例如：二大家族 —— 板橋林家與霧峰林家，他們在臺灣建省重啟開山撫番之時，如何把影響力伸向今新北山區（照片1-9）？再者新店、三峽的「小家族」又如何與這二大家族合作，共享開山撫番的利益？三者「熟番們」—— 秀朗社、龜崙社、南嵌社、坑仔社，有無與這些漢人大、小家族合作，分享開山撫番的利益？雖然本書一時無法回答，但仍然堅持考證的重要性。因為這是歷史舞臺的重建，解讀地圖中番社、越嶺道路、山脈、河流，所彰顯出歷史現場的意義，也解開長久的歷史迷團，而這就本書最重要的研究動機。

A**2**
CHAPTER

新店、烏來地區地名與番社考證

上篇 第二章

清代文獻最早提到泰雅族，據考是康熙五十六年（1717）《諸羅縣志》。該志內容對於北部與中部的泰雅族均有描述，北部是「擺接附近，內山野番出沒」[1]，中部提到福骨（Kinhakun）、平了萬二個部落。福骨是今南投縣仁愛鄉發祥村的瑞岩、紅香部落，平了萬是萬大社的古名，位於今南投縣仁愛鄉親愛村。[2] 之後對於今新北山區泰雅族各社的記錄，要晚到同治十年（1871）《淡水廳志》編纂才再出現。當時有二個地方，一為艋舺暗坑界外，一為三角湧界外。

暗坑又名安坑，泛指今新店區安坑溪流域。此地的開墾分為外五張莊與內五張莊。外五張莊—大坪頂（太平里）、頂城（頂城里）、下城（下城里）、大湖底（下城里）、柴埕（柴埕里），內五張莊—車子路（德安里）、頭城（雙城里）、二城（雙城里）、三城（日興里）、四城（日興里）。[3] 然而從日治時期調查資料來看，二處的開墾移民來源迥異。大抵在乾隆年間移民先至深坑（新北市深坑區）再至三湖，然後再從三湖分成頭湖（頭城）、二湖（二城）、三湖（三城），形成內五張最早的三個聚落。外五張的移民從十四份（下城里）移入，並以公館崙（公崙里）與內五張為界。由於未開闢前安坑溪流域森林蓊鬱，行至其間白晝猶如黑暗故名暗坑，之後名稱改為雅馴的安坑。當時泰雅族勢強，住民為長

照片 2-1
潤濟宮

照片 2-2
太平宮

久計遂公舉頭人防備之，並以林青露處車子路城，游學海處頭城，邱神恩處二城，廖世協處三城。[4] 更重要的是來此開墾的移民，多是來自福建省漳州府。漳州府有閩南人，也有客家人。於是內、外五張興建了三座寺廟，成為區分祖籍別的重要象徵。它包括：嘉慶九年（1804）興建的內五張潤濟宮，主祀三官大帝，客家人（詔安客）的信仰（照片 2-1）。嘉慶十二年（1807）興建的外五張的太平宮，主祀開漳聖王，漳州人（閩南人）的信仰（照片 2-2）。嘉慶年間興建的內五張日興宮，主祀謝府元帥（東晉謝玄），客家人（詔安客）的信仰。[5]

值得注意是現在新公開的史料──乾隆四十九年（1784）《臺灣田園分別墾禁圖說》，有助於讓上述歷史更加清楚。原來內、外五張莊，因乾隆末年漢人私越「土牛藍線」，數年時間早已雙雙成莊。兩者的差別是乾隆四十九年（1784）重新劃定「土牛紫線」，外五張官府認定允許請墾，但內五張被要求請禁。於是當時設了暗坑最早的隘──橫崙腳隘（公崙里）。[6] 不料墾民仍持續「越界」開墾，筆者推測乾隆五十五年（1790）再次重新定界，應該就把內五張劃入界內，讓私墾的土地就地陞科。原本的橫崙腳隘，遂往安坑溪上游推進，成為《淡水廳志》所記載的暗坑仔隘。

然漢人動輒越界私墾的舉動，到了十九世紀末所謂「暗坑界外」，不一

照片 2-3
三峽區安坑里 779 路公車的
安坑候車亭，此處的安坑就
是小暗坑。

定指內、外五張莊。有可能指另一個也稱暗坑的地方，即是橫溪上游的小暗坑（三峽區安坑里／本里與新店區日興里相鄰）（照片 2-3）。廳志稱該地區番社有四──大悅仔社、小悅仔八仙社、青坑假已社、日本阿里山社。這四個番社並非全都在三峽，大部分是在幾座山頭之遙的新北烏來，例如：大悅仔社可能是納仔社（ラガ／烏來區孝義里）。小悅仔八仙社的音節類似 Kilux-balay，若推測無誤即是烏來社（烏來區烏來里）。青坑假已社就是茶墾社（チヤッコン／烏來區福山里）。[7] 需要注意的是《臺灣內山番社地輿全圖》繪製的地名，要不是在溪畔，要不就是在山麓。故按照地理形勢順序解讀，應該從支流下游開始。

BOX

閩南人與客家人

福建簡稱閩，居住在福建南部──漳州與泉州之人稱為閩南人，而使用的方言稱為閩南語。漳州人在原鄉的信仰有三──開漳聖王、謝府元帥、敵天大帝。開漳聖王，相傳是唐代大將陳元光，因開發漳州有功，死後被尊奉為神明。謝府元帥，即是東晉宰相謝安，祂成為漳州人信仰神祇的原因，全是陳元光生前曾供奉之故（照片 2-4）。敵天大帝相傳是孔子的弟子林放，他因道德崇高可以「敵天」，故稱敵天大帝。[8]

照片 2-4
日興宮

至於客家人，據考「客家」一詞，要到明末清初時才有記錄，而且與移民遷徙有關。事實上客家遷徙的歷史，雖源流可以追溯到秦漢時期中原地區（山西、河南），但近源卻是唐宋時期居住在江淮地區（安徽）的漢人。值得注意的是客家起源與北宋「客戶」無關，同時客家先民遷徙的歷史，也不是以中原士族為主體。重要的是客家方言的形成，才是研究客家歷史重要的課題，它出現時間可能在西元十二世紀南宋。此方言是福建、江西、廣東的古越語，融合漢語而成。故學術界認為，客家方言是界定客家最基本的要素。由此可知，客家是一個文化概念，非種族的概念。而客語的發展主要分為六種——汀州客語、漳州客語、大埔饒平客語、四縣客語、海陸豐客語、南贛客語。本文提到的詔安客，就是漳州客語的使用者；而除詔安外，漳州客家人主要還分布在平和與南靖。

土牛線

土牛線就是番界，之所以稱為「土牛」，原因是堆土為界，遠看似一條牛伏臥故名。它做為漢人、熟番，以及生番雙方活動範圍的界

線，而繪在地圖上就形成土牛線。這是清廷對臺灣統治策略之一，動機甚多，包括：避免漢人勾結生番作亂，或者漢人作亂失敗後逃入番境不易追捕，抑或者漢人、熟番進入番域造成殺傷等諸多統治上的困擾，更有可能是當時清廷對平原統治成本支出鉅大──駐軍軍餉與設官薪俸，沒有餘力把控制力伸向山區，所以才有這項政策的執行。不過實際的運作亦因地制宜。如果地勢有依山傍溪之險，就直接以此為界線，若沒有則以「土牛溝」做為人工界線。土牛的形狀為梯形立方體建築，上寬約 213 公分，下寬約 355 公分，高約 284 公分，長約 710 公分，跟現今一部公車大小差不多。溝為寬 355 公分，長 53.25 公尺，深 213 公分，跟現在比賽用游泳池水道差不多。

土牛線在地圖繪出總共有四條，皆用不同顏色代表修築時間。第一條土牛紅線，乾隆十五年（1750）從屏東繪至（修築）台中。第二條土牛藍線，乾隆二十五年（1760）從基隆繪至（修築）彰化。第三條土牛紫線，乾隆四十九年（1784）從基隆繪至（修築）屏東。第四條土牛綠線，乾隆五十五年（1790）從基隆繪至（修築）屏東。為何要繪出多達四條的土牛線？肇因於每當一條番界修築完成，漢人就千方百計越界開墾。於是只要重新清釐番界，勢必會查出界外私墾土地，這就需要再次修築番界，而在地圖上也需再重繪一次。[9]

照片 2-5
新竹縣新埔鎮新竹客運站牌上土牛溝地名，事實上百餘年滄海桑田的變化，有一些土牛溝已經變成道路，如新埔鎮 2 鄰義民路三段 156 巷延伸出去的道路，就是昔日的土牛溝。

新店溪流域

從圖一審視，臺北府城旁邊的的淡水河往上游走（往南），可以看到新店。該聚落被二條溪流「包夾」，在新店與臺北府城「中間」的溪流為景美溪，另一條就是新店溪。因此新店溪畔畫出三個地名——新店、屈尺、雙溪口，顯示是開山撫番新店溪中游重要聚落。[1]

新店，在今新北市新店區新店里。觀其名好像是新店最早開發地方，但並非如此，因最早之處在大坪林。學術界對於新店開發史研究，必定引證一張契約——〈乾隆三十八年仝立公訂水路車路合約字〉。此約收錄於日治《臺北縣下農家經濟調查書》，它告訴我們新店開發最大功臣，實為蕭妙興為首的金合興墾號。關鍵在乾隆二十五年（1760）鑿通石硿（約100公尺巨巖中的引水道）（照片 2-6），可從青潭引新店溪水灌溉大坪林五莊——二十張、十四張、十二張、七張、寶斗厝。[2] 到了乾隆三十年（1765）官府定界、陞科，這就是大坪林圳的歷史。[3]

照片 2-6
開天宮下的石硿，壁體的顏色深淺不同，顯示水流的痕跡。

然而這張契約的重要內容，除了「水路」指的是大坪林圳與支圳外，還有所謂的「車路」。其實清代臺灣契約明寫修路的內容很少，該約少見記載提到公訂分莊大車路，自頭至尾每條二丈寬，以便牛車相遇通行。以今天度量衡計算路寬約 7.1 公尺（一丈 =355 公分）。「分莊」道路絕對不只一條，因此地圖繪出臺北府城往上（往南）延伸的道路，渡過景美溪之後接上「大車路」，再通往新店。

再者，要了解新店名稱由來，大坪林五莊中的十四張水運史須先掌握。新店最古老的一條街市為店仔街（新店區民生路 86 巷底），該街的形成是附近有大坪林渡頭（亦稱店仔腳／新店區溪園路 101 巷）。[4] 特別是透過港口水運，竟也跟新莊有密切往來，即新莊—大坪林渡頭—大坪林莊。[5] 傳云道光年間泉州人林章存，沿新店溪往中游發展，就在今碧潭附近建立街肆。因為有別於下游的店仔街，故名新店（新店里）。新店街之所以繁榮，在於屈尺附近的泰雅族會前來交易，可知此處近漢番交界不遠。[6]

乾隆四十九年《臺灣田園分別墾禁圖說》對此處有著墨。「土牛紫線」經過大坪林五莊中的七張仔（七張莊）附近，它的上方（南方）是獅頭山番界。[7] 考新店區有四座獅頭山——標高 858 公尺獅頭山（塗潭里）、781 公尺東獅頭山（廣興里）、754 公尺南獅頭山（廣興里）、196 公尺小獅山（中興里）。因此墾禁圖說的獅頭山，就是今天的小獅山（照片 2-7）。[8] 清代的新店街就在小獅山下，可是此圖對於新店溪中、上游卻畫的很簡單，直到十九世紀末《臺灣內山番社地輿全圖》把新店、屈尺、雙溪口繪出，才凸顯這條河段的重要性。

照片 2-7
真的是「三個小小山尖」的小獅山，然而這座山因為海拔不高，今日已被高樓大廈遮蔽住視線，只能在新店溪對岸的和美山高點，欣賞小小山尖之美。

屈尺與雙溪口，皆在今新北市新店區屈尺里（照片 2-8）。本文可以大膽地說此二個地名，都是首次出現在清代地圖上（參閱圖一）。[9] 前言提到第一階段開山撫番，當時的成果也繪製出《全臺前後山輿圖》。可是考其內容，新店溪畔、新店（街）以南的地名，僅有大崎（大崎腳／員潭里）、南勢（？）、粗坑（粗坑里）、直潭（直潭里）、灣潭（直潭里）、磺窟（塗潭里）與「新墾地」（參閱圖四）。

屈尺，亦名曲尺，泰雅族語為 musu taranan，意思是「曾經到過的所在」；雙溪口，泰雅族語為 van nadi，意思是「兩溪河流處，砂聚在一起」。[10] 雖然地圖中畫出屈尺、雙溪口的時間已是光緒，但從契約文書的記載來看，早在十九世紀初就有開墾的紀錄。日治總督府調查臺灣社會土地使用情況時，曾抄錄一份同治十一年（1872）全立香燈水田約字，內容明寫嘉慶二十三年（1818）曾有墾民向秀朗社番業主韓敬元，簽約開墾青潭內直潭莊屈尺等處土地。當時「兇番猖突」，因此墾民以開墾雙溪口的土地收成來設隘禦番。不意邇來居民稠密，兇番逃避、潛蹤沒跡，故設地之隘可以免備。[11] 更重要的是開墾屈尺的契約不止一份。道光九年（1829）隘丁首林士雀併「屈尺莊」等莊，因「兇番肆擾、連殺數命」，遂向淡水廳衙門呈准設隘。[12]

這二份契約太重要了，它除了提到屈尺與雙溪口地名外，透過年代比對發覺才 11 年時間（1818-1829），屈尺已經成莊。最關鍵是寫到「邇來」居民稠密，兇番逃避。可見得漢人透過移墾，迫使原本是泰雅族勢力範圍的屈尺，轉變到漢人手裏。由此推測泰雅族退入今南勢溪、北勢溪，最慢是在同治時期。再由此反推《全臺前後山輿圖》繪出的新墾地，難道指的是今新北烏來？此疑問將在第四章第一節中討論。至於圖一雙溪口位置後方（南方），還畫出一座山脈，應該是標高 728 公尺，「巍峨沖霄、

照片 2-8
豎立在下龜山橋不遠處的新北市新（小）巴士屈尺里線雙溪口橋頭站牌，以及新店區屈尺路屈尺國小正門。

照片 2-9
從大桶山登山口不遠處眺望直潭山，山脊上插滿了高壓電塔，但這也成為辨認直潭山的好方法。

姿容險峻」的直潭山（照片 2-9、2-10）。它在地圖上的意義說明雙溪口與直潭山，是為光緒十一年（1885）重啟開山撫番新店山區漢番的界線。劉銘傳的麾下只能駐軍在民壯亭、龜山（龜山里）的河岸。[13] 再往南就是內外馬來大八社的領域。

照片 2-10
從新店區廣興里小坑二路遠望直潭山，它的倒影映入南勢溪的濛濛湖水面非常漂亮。

內外馬來大八社

在清末的烏來到底有幾個泰雅族聚落？不同研究有不同看法，如人類學者江桂珍提到的九社——大羅蘭社（Taranan）、林望眼社（Rimogan）、卡拉摩基（Karamotus）、拉號（Rahao）、拉卡（Xaga）、烏來（Ulai）、西魯幹（Silagon）、加九寮（Sokali）與西波安（Sitipoan）。[1] 或者新北市烏來泰雅民族博物館的解說牌提到，泰雅族在南勢溪兩岸海拔 200 至 700 公尺的山腹地帶，原本建立大小十三個部落，後來遷徙合併成九個——大羅蘭（Tranam）、扎亞孔（Jiycon）、李茂岸（Limogan）、卡拉模基（Karamotus）、拉號（Rahau）、烏來（Wulai）、西羅岸（Sirogang）、加九寮（Sokali）與西波安（Sitipoan）。[2] 亦或者《烏來鄉志》提到的九社——塔拉南（Talanan）、李茂岸（Limogan）、卡拉模基（Kalamut）、那哮（Lahau）、拉卡（Laga）、烏來（Ulay）、西羅岸（Silogang）、希波安（Spoan）、札孔（Chiakong）。抑或是大正九年（1920）《蕃族調查報告書》記載的九社——塔拉南（Talanan）、卡拉模基（Kalamut）、拉號（Lahau）、拉卡（Laga）、烏來（Ulay）、桶壁（Thanpia）、札孔（Chiakong）、屯鹿（Tunnok）、小寮（Tanahan）。[3] 前述的差異或許只能從清末的史料才能找出答案。

日治時期泰雅族勇猛善戰仍受到總督府的注意，特別是與伊能嘉矩同時期，也是知名原住民研究學者森丑之助（1877-1926），他以山區地理分布做南北劃分，把位於北部的泰雅族稱為「北蕃」。其文化在二十世紀初還保持最原始狀態，個性頑固而好殘殺。[4] 森氏的成果指出泰雅族的番社建立在較低的山麓，社內各戶貯藏的穀物無法維持一年。假如發生戰爭或其他原因，迫使他們無法照顧農業（小米），這一年內就無法填飽肚子。再者泰雅族與他族，甚至泰雅族各社之間互不聯絡，有的還維持敵對狀態。由於泰雅族從不團結，因此統治者很容易討平他們。[5] 另外曾任臺北帝國大學文政學部史學科助手宮本延人（1901-1987），他的原住民研究也值得重視。宮本提到泰雅（Atayal）一語，指的是「人」。由於該族有黥面的習俗，故又稱為「黥番」（照片 2-11）。當時他們人口數目最多，分布地域最廣，時常被當成臺灣原住民代表的部族。[6] 不過清代官方對於烏來泰雅族的名稱，並不以泰雅族的傳統習慣為依據，而是以最鄰近的漢人村莊來命名，故稱之為屈尺番。[7]

有了上述背景鋪陳，再從圖一的雙溪口往上看（往南），新店溪分岔成二條。一條往左（往東）流經後坑仔社，稱為北勢溪；另一條往上（更

照片 2-11
日治時期被稱為「北蕃」或「黥番」的泰雅族老嫗。她的眼神銳利，透露出拍照時對攝影師的不信任，甚至於可以說對於漢人與日本人都不信任。

No. 204 AN OLD SAVAGE WOMAN, FORMOSA.
タイヤルゝ……口から耳へハツキリゝと入れた入墨
近頃はざうだもの入墨が減つて……

照片 2-12
新店上游二大支流，左側是北勢溪，右側是南勢溪，二條溪在蛇舌子匯流，改稱新店溪。

照片 2-13
今天矗立在烏來區福山國小正門的亞維·布納雕像，他眼神正對的方向不是桃園市復興區，而是宜蘭縣員山鄉。

往南）流經小寮，稱為南勢溪（照片 2-12）。在小寮的右側，地圖寫上「內外馬來大八社」，就是烏來泰雅族的分布區域。考馬來之典故源自於清末有一位勇猛馳名頭目稱「馬來巴卡」（或稱馬來巴克志），以其名稱族，或曰八社總頭目。[8] 日治總督府的調查稱他為マライバッケ，並謂馬來生前曾與大嵙崁方面各番（桃園市復興區泰雅族）聯盟締約。其內容是甲區發生需要以武力鬥爭之事件時，同盟各區要派遣番丁共同協助。[9] 對於馬來巴卡的貼身記錄，除了劉銘傳留下的奏文外，僅有馬偕牧師（Rev. George Leslie Mackay, 1844-1901）的觀察。當時馬偕與他的學生柯玖從新店前往烏來，如願見到馬來巴卡：馬來與同社之人還殺了一隻熊，以新鮮的熊肉招待馬偕。[10] 當然這段描述，增添了馬來英雄式的色彩。不過要了解整個過程，還是須從烏來泰雅族的源流講起。

日治臺北帝國大學文政學部史學科教授移川子之藏（1884-1947）合著有《臺灣高砂族所屬系統之研究》，提到烏來泰雅族是從桃園角板山宜亨社（復興鄉義盛里）遷徙過去。移川的研究在日治就存有不同看法，到了戰後更與重新進行口述歷史相異，

有謂是從桃園拉拉山（復興區華陵里）遷徙而來。戰後報導人稱有勇士（或頭目）亞維‧布納（Yawuibuna、Yavipuna 或 YAWI BUNA）（照片 2-13），沿著桃園山區河流下至大漢溪，再前往淡水河口，再溯河進抵新店溪、

戰後的烏來

戰後第一代泰雅族部落旅行家張致遠（張瑞恭），曾經在 1982 年底探訪臺北縣烏來鄉並留下紀錄甚為重要，其中對於孝義與哈文介紹頗有價值。孝義村（今名孝義里），舊名阿玉社，坐落桶後溪畔，光復初有 300 餘戶人家，有運材用的臺車，甚至連茶室都存在。1961 年伐木完畢開始大規模遷村，如今戶籍僅 16 戶，泰雅族僅五戶。哈文即是哈盆部落，1965 年遷村至福山村（里）與信賢村（里）路旁。原有保留地與林務局交換。事實上這次遷村遠因可回溯至 1951 年，地方政府為使當地步入文明，早有遊說遷徙之舉。近因是 1963 年葛樂禮（Gloria）颱風嚴重侵襲烏來，造成福山哈盆部落十餘戶民宅全毀，故救災善後工作擬定屯鹿段土地為遷村新址。而由 1982 年 1 月 1 日起進入福山村、信賢村，已經從甲種管制區改為乙種管制區。甲種管制區屬於經常管制區，必須申請甲種入山證才能進入；乙種管制區屬於特定管制區，必須辦理乙種入山證才能進入。由於經常性管制區域不利發展觀光，因此經國防部核定後，可將甲種管制區較有遊覽價值改列乙種管制，凡欲進入者只需攜帶身分證向當地派出所申請即可。2017 年 11 月 23 日國防部與內政部公告，解除烏來山地管制限制，此後不需申請入山證可以自由進出（照片 2-14）。2018 年 6 月 11 日行政院原住民族委員會公告新北市烏來區泰雅族各部落傳統領域土地範圍，對於確保泰雅族土地地權與延續傳統文化有不少幫助。[12]

照片 2-14
原本設立在孝義里桶後林道起點旁的孝義派出所，因為廢止乙種管制區管制，遂遷往原本的烏玉入山檢查哨，該建築遂呈現荒廢狀態。

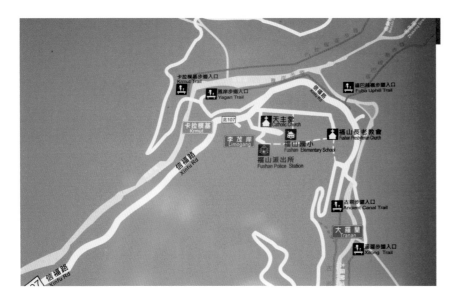

南勢溪，發現溫泉稱為「烏來」。最後沿著南勢溪上游，發現塔拉南（タラナン）野獸遍布，非常喜歡此地。再從塔拉南走到基亞壟（茶墾／チヤッコン），亦發現此地與拉拉山相通，遂回到原出發地。[11]

日治與戰後採集的故事，差別在於亞維·布納發現李茂岸（或稱林望眼），而非塔拉南（照片 2-15）。另外從桃園遷徙至南勢溪上游的泰雅族，日治的採集還提到有馬來支瓦斯（Maraichiwas）率族人遷徙到塔拉南，馬卡支索（Makatsuwatan）也率族人遷徙到李茂岸、塔拉南、屯鹿（トンロク）。爾後亞維·布納病逝於李茂岸，他的五個兒子依照父親遺願，各自遷往他處生息繁衍。然這段情節日治與戰後也有出入。

戰後口述稱大兒子北伊後（Peiho）繼承父志居住李茂岸與基亞壟。二兒子達納（Tana）定居拉號（ラハウ）。三兒子巴亞斯（Payas）定居拉卡（ラガ）。四兒子布干（Bukan）定居逆有鍋（Nioco／加九寮），五兒子伊旁（Iban）遷往烏來，但定居至西羅岸（ヒロガン）。日治的採集最大差別在於第四兒子稱為「沙波」（Sappo），並非定居逆有鍋，而是西波安（桶壁／タンピヤ）。[13]

雖然日治與戰後對於烏來泰雅族的源流有出入，但經過整理之後總共有九社，應為記憶中最古老的聚落。[14] 包括：塔拉南（タラナン）、茶墾（チヤッコン）、李茂岸（林望眼）、屯鹿（トンロク）、拉號（ラハウ）、拉卡（ラガ）、逆有鍋（加九寮）、西羅岸（ヒロガン）、西波安（桶壁／タンピヤ）。它們有助於讓讀者了解「內外馬來大八社」的淵源，可是若要比對《臺灣內山番社地輿全圖》的八社名稱，還是要借助日治初期的調查成果。值得注意是百餘年來烏來泰雅族聚落變化相當大，雖然筆者已經進行多次田野調查，亦數次單獨一人進入深山行走古道，但只能考證出「地名」而非「地點」。當然希望這樣的成果，對於烏來泰雅族的研究多少有點幫助。

左圖．照片 2-16
戰後初期 1950 年代橫跨桶後溪的烏來橋，這座橋烏來耆老高茂源先生在烏來林業生活館牆壁攝影照片，特別講解為 1941 年為搬運重型器材至烏來發電廠而興建，也是烏來第一座鋼筋水泥橋。橋的左端銜接今日的烏來街，橋的下方左側流水就是桶後溪匯入南勢溪的合流處。

右圖．照片 2-17
站在烏來橋的另一端，面向烏來街，這座橋左右橋身各建一條人行步道，但是橋的主體仍是 1941 年的老橋身。

所謂的八社依照圖一所繪位置，應該是後坑仔社、納仔社、夾精社、湯裡社、大舌社、外枋山社、內枋山社、林望眼社。然而清末的命名，如何與日治名稱對照？關鍵在於 1896、1897 年接近清末的四次調查，最具有參考價值。1896 年臺灣總督府民政局殖產部臺灣產業調查表的附圖（參閱圖三），也繪製出當時烏來的番社。首先「馬來八社」在地圖是一個番社。其次往上看（往南），南勢溪上游繪出內邦山與外邦山，而這二個地方，中間明顯地繪出一座山。然審視圖一與圖三的差別，在於圖一的外枋山社繪於下，內枋山社繪於上，圖三所繪位置剛好顛倒。最重要的是圖一所繪內、外枋山社，均是在南勢溪的右側，也就是西側，可是圖三所繪位置是在南勢溪的左側，也就是東側。因此圖三對於內、外邦山的位置完全畫錯，這一點只要對照圖六，就可以比較出來。其三，湯裡社在圖一與圖三的位置也是相反。圖一的湯裡社在南勢溪的左側，可是圖三的湯裡社在南勢溪的右側（打╳處）（照片 2-16、2-17）。針對這點，筆者不確定圖三繪製有無錯誤，因為再對照圖五，湯裡社也是繪於南勢溪右側，也就是西側，後文單獨討論湯裡社時，筆者會提出自己的看法與解釋。其四，圖三繪出加九寮，可是該地名之後沒有「社」，難免會被誤認是普通地名。但它如同內、外邦山一樣，都是番社名，故稱加九寮社。其五，圖三也繪出雙溪口，其旁的桶山，就是今標高 916 公尺的大桶山，其上的「弧山」是為龜山。不過圖三把雙溪口的位置畫錯，細查雙溪口下方有「一條線」，繪製到「桶」與「山」之間，這條線就是北勢溪。所以雙溪口正確位置，應繪於北勢溪的下方，如同圖一一樣。

1897 年臺北縣知事橋口文藏（1853-1903）因地方歸順人民授產緣由，命令林務課長有田正盛（1864-？）前往烏來調查，過程中繪製出《臺北縣南北溪附近生蕃各地名山林之圖》頗為珍貴（參閱圖五）。該圖出現六個番社——後坑子社、轆子社、湯社、內邦山社、外邦山社、林望眼社。此圖也有四個重點。首先畫出後坑子社。雖然相對位置後坑子社畫在桶後山的上方，也就是北方。乍看之下與桶後山都屬於今烏來區孝義里，因此

不免懷疑後坑子社可能畫錯。但情況未必如此，因為繪圖者要表達的意思，也有可能是後坑子社已經遷徙。其次從內、外邦山社的位置來看，它們與圖一的相對位置皆同，修正了圖三的錯誤。其三，湯（裡）社畫在南勢溪的右側，它的位置與圖三相同，筆者推測清末湯裡社到了日治有遷徙的可能。其四，圖一、圖三、圖五都繪出林望眼社，可見得該社不管何時，都被人認為是重要。

1897 還有另外二次的調查，一是表一內容提到橫山壯次郎（1868-1909）調查的六個番社，當中最重要是出現圖三與圖五未畫出的番社——西羅岸社（ヒロガン）。二是同年 5 月伊能嘉矩偕同粟野傳之丞前往烏來調查。他們的成果也紀錄了「馬來八社」——洛仔（拉卡、桶後／ラガ）、烏來社（湯裡社、湯社／ウライ）、西羅岸社（希魯幹／ヒロガン）、拉號（蚋哮、枋山／ラハウ）、加九寮社、大羅南（塔拉南／タラナン）、林望眼（李茂岸／リモガン），以及其他資料從未出現過的拼音社名—— Aokyan。伊能與粟野還遇見該社的前任頭目，談及因為此社人口稀少，所以在三、四年前（1893-1894？）併入拉號社。[15] 筆者認為 Aokyan 就是後坑仔社的閩南語拼音，然而是否被併入則未必。需要注意是伊能與粟野的調查雖最為重要，但當中還有其他問題。本文指的是大羅南社與林望眼社，都是八社之二頗有疑問。上述提到林望眼絕對是八社之一，可是大羅南社應非八社之一，取而代之的是伊能與粟野沒有提到，可是圖一卻畫出來的「外枋山社」。若把口傳記憶、日治調查，特別是再加上 1908 年的出版《北番圖》，整合在一起辨識，「內外馬來大八社」所在位置可以考證（照片 2-18）。[16]

照片 2-18
桶後溪與南勢溪匯流處，烏來街剛好位於兩條溪流匯流處，街後方依托二座山峰，最高峰就是大刀山。最右邊白色的鐵橋是 2019 年 9 月 13 日通車的（新）攬勝大橋，其旁的（舊）攬勝大橋於 9 月 16 日拆除，至於最左邊鮮紅色的橋體就是烏來橋。

表一日治時期個人或單位調查今烏來山區泰雅族聚落表

年代	番社	番社	番社	番社	番社	番社	番社	番社	番社	番社	蕃社	蕃社
1897	ウライ	ヒロガン	ラガー	枋山	林望眼	タラナン	—	—	—	—	—	—
1917	ウライ	—	ラガ	ラハウ	リモガン	タラナン	トンロク	カラモチ	マガン	—	—	—
1920	ウライ	—	ラガ	ラハウ	—	タラナン	トンロク	カラモチ	—	タンペヤ	チヤッコン	ショーリヤウ
1938	ウライ	—	ラガ	ラハウ	リモガン	タラナン	—	—	—	タンピヤ	—	—

1. 1897 年的調查由橫山壯次郎完成於〈蕃地探險報告書〉
2. 1917 年的調查由森丑之助完成於《臺灣蕃族志》
3. 1920 年的調查由臨時臺灣舊慣調查會完成於《蕃族調查報告書》
4. 1938 年的調查由臺灣總督府警務局出版於《高砂族調查書》

本表內容為鄭安晞教授、許維真先生,以及許家華先生、劉芝芳先生之研究成果,再由筆者製作成表格。參閱鄭安晞、許維真,《烏來的山與人》(臺北:玉山社,2009 年 10 月),頁 31-32;許家華、劉芝芳總編輯,《烏來鄉志》(臺北:烏來鄉公所,2010 年 9 月),頁 21。

後坑仔社,圖一與圖五皆繪出,可是位置不同。圖一繪出是在「山前」,但圖五繪出是在「崇山之後」,證明該社有遷徙過。同時也回答本文對伊能與粟野調查的疑問,合理推測當時二位日本學者的理解有誤。十九世紀末的後坑仔社只是遷徙,但沒有被併入拉號社。事實上圖一繪於山前,顯示出在北勢溪下方(北方),也就是今天石碇區格頭里。[17](參閱圖六)可是圖五把該社繪於桶後山上方(北方),以今天行政區而言,很容易被誤認為烏來區孝義里。桶後之名現今最著名是桶後溪、桶後林道與桶後越嶺道。然而這三者在圖一全未被繪出,只在圖五寫出「桶後溪」三字,但沒有繪出溪流的地貌(照片 2-19)。事實上「桶後山」最有

照片 2-19
桶後溪與啦卡路

可能是標高 925 公尺的落鳳山，此山今天是新北市烏來區與石碇區的界山。所以圖五繪出的後坑子社，位於桶後山（落鳳山）上方，正是座落在今新北市石碇區永安里境內。北勢溪河段的紀錄很少，1897 年總督府民政局殖產部拓殖務課事務囑託（聘僱人員）川上生之介，曾在此段流域探險勘查。據稱北勢溪之雙溪口至火燒樟（石碇區永安里）河段，兩岸斜面急陡，溪谷深邃，水邊一帶蘆茅簇生宛如竹林。[18] 雖然「內外馬來大八社」只有後坑仔社座落在北勢溪流域，但清末居住在此社的泰雅族出身不凡。有云他們是「屈尺番」創始頭目的直系子孫（亞維‧布納與北伊後的後代？），1903 年才遷居至拉號社（蚋哮）。[19]

納仔社，也稱洛仔社、拉卡社、桶後社、ラガ社，泰雅語為楓樹的意思。[20] 然從圖五看，發覺也稱輆仔社。再從圖一與圖五審視，兩者很清楚地畫在南勢溪的左側（東方），並且圖五在其旁還寫出「桶後溪」三字，很明顯就是座落於今烏來區孝義里。若是如此，乍看圖一的內容，就會讓人覺得繪製錯誤。因為輿圖把納仔社繪於今日烏來區忠治里，變成從雙溪口往上走（往南走），第一個遇到的番社就是納仔社。然而《臺灣內山番社地輿全圖》真的畫錯了嗎？恐怕也不見得。筆者在今烏來林業生活館看到一張鋪設於地板的重要地圖，原圖沒有命名只有寫上新店—烏來臺車年表，於是我命名為「今昔新店、烏來臺車路線與林業據點分布圖」。（照片 2-20）這張圖最重要的地方，在於「田寮水壩」（今稱烏來堰堤，又名桂山壩）上方（北方），南勢溪溪岸兩側各有一個「小寮」的地名。南勢溪的左岸（西側）稱小寮茶園流籠，右岸稱小寮流籠。流籠，可說是簡易型的纜車，可以用來載運貨物與人。但關鍵的是「小寮」地名竟橫跨南勢溪兩岸，這顛覆了我們對於小寮地名的認知。主因是從圖五來看，小寮是在南勢溪的西側。而且現今 GPS 衛星導航地圖，小寮被畫在今日烏來區烏來里西羅岸路烏來區運動場附近，也是在南勢溪的

照片 2-20
鋪設於烏來林業生活館地板上的地圖，很明確繪出南勢溪兩岸各有小寮地名。

照片 2-21
從接近烏來山前峰的一處高
點往下看，南勢溪與田寮水
壩（烏來堰堤）映入眼簾。
小寮的地名就是在該壩下方
銜接一排房子，再往右側前
行不遠處。

西側。不料烏來林業生活館的地圖，竟出現南勢溪東側有小寮的地名。
果真如此圖一所繪的「小寮」位置就沒有畫錯，並且按其年代小寮地名
最早是在南勢溪東側，約現在成功至烏來污水處理場路途，到了日治以
後小寮地名「走位」，變成在南勢溪西側並成為刻板印象。

小寮地名的考證若正確，圖一繪製在小寮上方的「那座山」就很重要，
筆者認為它就是烏來山的一條餘脈。事實上，筆者田野調查縱走烏來山
與大桶山，也經過這條餘脈並照相（照片 2-21）。先前研究稱清道光時期
（十九世紀中葉），泰雅族人從今日烏來區福山里往北遷徙，逐步在南
勢溪及其支流建立聚落，其中一個就是小寮社。[21] 不過從圖一內容來看，
小寮僅是地名，不是泰雅族聚落，更不是內外馬來大八社其中之一。再
從表一來看 1920 年日人調查時，稱它為ショーリヤウ。1938 年《高砂族
調查書》提到日治初期，三井合名會社以商業用地為由，「整頓」了小
寮、希魯幹（西羅岸／ヒロガン）、哈盆社，組成（日治）烏來社。[22] 三
井會社後來在小寮施作茶園（就是照片 2-20 的小寮茶園），種植小葉茶
（採收作包種茶）、南洋種大葉茶（印度阿薩姆紅茶）。因此小寮地名
若沒有畫錯，納仔社也沒有畫錯。只不過把納仔社畫在今烏來區忠治里，
到底要代表什麼意義？一本看似平淡無奇的旅遊指南提供出線索，也只
有該書出現如此記載頗為重要，內容寫到最早遷來大桶山西方山腹是「啦
卡社」人。[23] 這對照圖一不謀而合，不過從繪製的位置來看，筆者認為納
仔社可能較偏向大桶山主峰附近，它到了日治初期才遷移到桶後溪。

值得注意的是日治以後，納仔社雖遷到桶後溪流域，但到底是遷到何處？
圖七內容提醒我們，還有所謂「舊ラガ社」，位於今桶後溪與阿玉溪匯
流處附近。至於「ラガ社」位置，筆者認為很接近今孝義派出所旁邊的
內洞林道之中（照片 2-22）。先前研究指出該社的泰雅族從札亞孔社（茶

照片 2-22
該處先前是烏玉入山檢查哨，現在已是孝義派出所，它的左側是啦卡路，右側是內洞林道入口。

墾社）遷徙而來，大約在清代中葉（十八世紀末、十九世紀初）移入。[24] 這一點反而與上文旅遊指南所敘迥異，本文並陳讓讀者做為參考。[25] 再者，圖三在疑似日治納仔社相對位置，寫出「馬來八社」四字成為一個社名。筆者推測也不是繪圖者畫錯，有可能想表達清末馳名的頭目「馬來巴卡」就是居住在納仔社。這並非空穴來風，前文提到《淡水廳志》中的大悅仔社，筆者認為就是納仔社。若屬實則「大」字有可能指聚落人口眾多，也有可能指總頭目居住於此。

納仔社的考證若正確，那麼圖一對於清末夾精、湯裡、大舌三社的位置，更需要探討。《臺灣內山番社地輿全圖》對於夾精、湯裡、大舌三社的畫法是「並列」，這對有數次田野調查收穫的我來說，直覺泰雅族聚落不可能全「擠」在一個山頭。唯一的可能就是繪圖者想表達這三個番社，全座落在南勢溪的右側（東側），全都位於烏來山，並且與雙溪口延伸上來（往南）的路徑（虛線）有密切關係。這一條路就是貫通大桶山與烏來山的重要通道。

夾精社，若照音轉最有可能是加九寮社。考加九寮之名有加九寮溪、加九寮步道、加九寮景觀大橋、加九寮路，還有 849 路公車的「加九寮站」。從這些名稱分布來看，今南勢溪左、右岸皆有加九寮地名，這與小蔴情況一樣。所以它到底位於何處？圖一沒有畫出加九寮地名，反倒是圖三與圖五，不約而同把它畫在南勢溪的右側（西側），符合今天加九寮的位置（加九寮步道，照片 2-20）。可是上文已經強調，圖一繪出的夾精社（加九寮社），應是在南勢溪左側（東側），故今日 849 路公車加九寮站就成為地名考證重要參考（照片 2-23）。筆者推測加九寮其中之一位置，即是加九寮站牌往南勢溪河岸走，此處有可能成為清末夾精社故地，但機率不高，主因是地勢較低易受攻擊。所以夾精社最有可能座落的位置，則

照片 2-23
豎立在南勢溪東岸的 849 路公車站牌，很清楚寫上「加九寮」三字。

是公車站牌往上走至烏來山山中，行政區應為烏來區忠治里。非常關鍵的是筆者認為，加九寮與加九寮社不一定同處一地，這一點在文後討論林望眼與林望眼社時會深論。加九寮在泰雅語的意思是「產生漩渦的地方」，今日畫在經緯度地圖上，都被標示在南勢溪西側，隸屬於烏來區忠治里。[26] 更重要的是加九寮有一條古道，可以聯結熊空（新北市三峽區有木里）的泰雅族，泛稱「紅河谷—熊空越嶺道」。[27] 這一條古道在圖一與圖三都被繪製出來，從今日加九寮出發，途經大崙（標高 989 公尺加九嶺山），抵達內大墈（有木里）。

湯裡社，也稱湯社、烏來社，ウライ社，泰雅語是「非常滾燙」的意思（照片 2-24）。原來口傳紀錄提到亞維布納一行人，發現溫泉時將其稱為「Kilux-balay」，縮寫成「ulay」，讀音念成烏來，今日隸屬於烏來區烏來里。[28] 如此重要的聚落，在圖一的內容中被畫在南勢溪左側（東側），它

照片 2-24
從妙心寺遠眺烏來部落

與圖三、圖五所繪位置完全不一樣。圖三與圖五的湯（裡）社，其位置就是今天烏來區的烏來部落。因此本文大膽推測，清末的湯裡社有可能在今天的烏來山山中，此處也是很接近「非常滾燙」之水的地方（妙心寺附近？）。

大舌社，若照音轉最有可能是桶壁社。筆者若推測正確，圖一繪製無誤。該社亦名桶坪社、西波安社、タンピヤ社，今隸屬於烏來區忠治里。以往看法桶壁之典故，在於它座落大桶山西麓平坦地，然而泰雅族卻不這麼命名，他們稱為 Kayo，其意思有二，一為陶甕，另一為腦寮。[29] 如果是腦寮之意，則與漢人烏來開拓史有關，相傳同治年間漢人開墾屈尺一帶，就在這此設立腦寮、採收樟腦。[30] 不過清代的大舌社（桶壁社）與今日的忠治部落完全是二回事，聚落也不在同一個地方（照片 2-25）。從《臺灣內山番社地輿全圖》來看，大舌社有可能位於大桶山與烏來山交界，並且在納仔社的南方。

桶壁社的歷史非常需要推敲，筆者認為以「桶壁」（桶坪）為名稱的地名，可能清末就已出現。可是把這二字做為泰雅族部落的名稱，在史料上出現的時間要晚至日治時期。前述的口傳，亞維・布納第四兒子「沙波」（Sappo）定居在大桶山山麓，當時部落稱為「希波安」而非「桶壁（桶坪）社」。之後「啦卡（拉卡）社」人也遷來大桶山，座落地點在今忠治部落北方山地[31]，並把「納仔社」的名稱帶過來。此時沙波的後代有可能已經遷走，筆者認為他們遷往新的地點是大桶山與烏來山交界，行政區屬烏來區忠治里。而當時正是繪製《臺灣內山番社地輿全圖》的時候，由於納仔社是進入「番境」第一個番社，故立刻被畫入地圖。可是繪製地圖的撫墾局官員，不少是來自與劉銘傳同鄉的安徽北部，這些「淮系」人士並沒有全部以泰雅族語做為番社的命名，例如「桶壁」（桶坪）原

本是地名，但是音轉之後變成「大舌社」遂繪入。之後納仔社遷回桶後溪流域，希波安變成進入「蕃地」的第一個蕃社，時間可能在日治初期。關鍵是此時此地的漢人，對於希波安不用輿圖上的名稱——大舌社，均直接稱呼為桶坪（桶壁）社。

日治調查曾提到，1902 年桶後社（納仔社）Watan Tawi 一族五戶 20 人因耕地不足，又遷往「桶坪社」北方 545 公尺的希波安。[32] 然根據史料這一次遷徙沒有提到新成立「希波安社」，因此當地仍只有桶坪社。戰後田野調查的記錄，對於清末日治初期還有一段歷史的插曲。有云桶壁社曾有一傳奇頭目——Siat・Nomin，清末同治時的他原本是漢人，可是在孩提時被泰雅族出草勇士帶回。由於 Siat 從小聰明有領導能力，李茂岸（林望眼）頭目 Yumin・Glay 最後把位子傳給他。之後 Siat 帶著族人遷徙到桶壁居住（可能在日治？），口述歷史地點是西波安（之前門牌為堰堤 89 號污水處理場一帶，即是今日烏來污水處裡場）。[33] 這是對於內外馬來大八社的八個泰雅族聚落「地點」最具體的描述。1907 年總督府民政部警察本署在今忠治公園設立桶壁警察駐在所，1921 年日本三井合名會社強行掠奪土地，他們把希波安與桶坪（桶壁）社泰雅族，另加上烏來、林望眼、札亞孔（茶墾）「殘戶」，全都遷徙到桶壁駐在所東方不遠處，另建新的部落形成日治桶坪社，它就是今天的忠治部落。[34]

外枋山社，筆者認為溯著南勢溪往中游尋找，最有可能是西羅岸社，其關鍵在於圖一繪出「枋山」，位置剛好在外枋山社之上（南方）。枋山到底是今天哪一座山，史料已無記載。事實上從圖一、圖三、圖五來看，也只有《臺灣內山番社地輿全圖》寫出枋山二字。考枋山應該是今天標高 869 公尺的美鹿山（美露山）。本文認為它是枋山的原因，則是「樟樹溪」流經美鹿山南側山麓。而從樟樹溪的名稱來看，附近應該有一大片的「樟林」，符合枋山也是「樟山」之意。[35] 此推論若成立，西羅岸社也稱希魯幹社、ヒロガン社，泰雅語意思是小山或箭矢。而西羅岸地名迄

照片 2-26
指示牌中的西羅岸地名

今仍存，即是西羅岸路一直往內山方向前進，最後就會看到指示牌寫明「西羅岸」，今天屬於烏來區烏來里（照片 2-26）。[36] 值得一提是先前研究指出日治初期，原本居住在乾溝、溪底（俱在石碇區永安里）的泰雅族人，在波泰·巴圖（Potai-Batto）率領下，遷至（日治）烏來社南方對岸山腹，自建一個聚落稱「希魯幹」。[37] 但口傳記憶提到烏來泰雅族的遷徙，早就出現西羅岸社，故以外枋山社中夾枋山與內枋山社為鄰判別，外枋山社應就是西羅岸社。

內枋山社，也稱拉號社、蚋哮社、哪哮社、吶跨社、羅好社、ラハウ社，泰雅語為森林，或者樹枝分叉利於設機捕禽之處，或者英雄武塔·卡拉荷（Buta Karaho）尾字 raho 譯音。[38] 它也是一般書籍所稱的枋山社，今天隸屬於烏來區信賢里（照片 2-27）。相傳同治、光緒年間，有漢人前來此地伐木，他們利用南勢溪將砍伐的巨木順流而下，由於此處盛產樟木，故名為枋山社。[39] 然而圖三繪製的內容，讓我們對於這段歷史有再探討的必要。主因是外邦山與內邦山繪製的符號，所表達的意思為樟腦資源「還未開採」。因此內、外枋山社是否在清末已經有漢人抵達伐樟，現在是一個疑問。再者，也是最重要的是圖一繪出的內枋山社，不是位於今天信賢部落坐落的信賢里，而是位於林望眼，也就是福山里。

林望眼社，也稱李茂岸社、白馬岸社、リモガン社，泰雅語的意思是曲流。[40] 事實上前文已經討論，不管是日治還是戰後的口傳、田野調查，必定會記載此一古社。現在對「林望眼」的認知，即是位於大羅蘭溪與南勢溪匯流處，一般看法認為就是「林望眼社」所在地。[41] 可是從圖一來看能清楚地辨識，林望眼與林望眼社是二個完全不同的地方。《臺灣內山番社地輿全圖》把南勢溪繪至林望眼左側（東方），再往上（再往南）

照片 2-28
小山頭下的李茂岸部落

就形成「分叉」。往左的溪流是南勢溪，但圖一畫的「很短」；往右是南勢溪的支流——札孔溪，卻畫的「很長」。[42] 此時圖一的「林望眼社」畫在札孔溪畔，它應該就是茶墾社（基亞聲、札亞孔、チヤッコン）。茶墾，泰雅語的意思是烏鴉，它與林望眼都隸屬於今烏來區福山里（照片2-28）。[43] 再從圖三審視，樟腦資源的圖例為「前多今無」，表示清末樟樹砍伐殆盡。或許所謂「同治、光緒年間，有漢人前來此地伐木」除了上述的桶壁社外，還包括林望眼社。

烏來與颱風

烏來位於新北市深山之中，可以說是雙北地區的後花園，特別是泰雅族居住在此，又讓人感受到南島文化特色。不過群山環繞的美麗之地，也有可能因自然災害的肆虐，造成慘重的損失，這裡指的是2015 年 8 月 7 日重創烏來地區的蘇迪勒颱風。根據報導當時忠治村到日月光溫泉的新烏路路段全毀，住民要徒步七小時才能對外求援。各報紛以「烏來宛如孤島」，「2100 人受困、百人失聯」的標題，報導慘重的災情。如此嚴重的災害，連遠在日本的國際救援非政府組織 Peace Winds Japan（PWJ），也派遣十名救難人員，以及

兩隻搜救犬加入救災行列。由於道路柔腸寸斷，因此國軍共設置五個空投點——烏來綜合運動場、信賢活動中心、福山國小、忠治籃球場、孝義社區，協助運送物資。在政府相關單位投入救災，加上公路總局全力搶通之下，8月12日新烏路終於恢復通車。本文為何重提這段往事？除了蘇迪勒颱風號稱是60年來侵襲烏來最嚴重的颱風之外，它的破壞力迄今仍有餘威。主因是筆者按照《全臺內山番社地輿全圖》所繪道路實地探查，但仍有許多步道因蘇迪勒之故，還是無法全面通行，或者通行時潛在風險。它們包括：加九寮步道、三峽熊空至烏來紅河谷越嶺道、桶後越嶺道、保慶宮至公三公園停車場步道、卡拉模基步道、哈盆越嶺道，均呈現封閉或半封閉狀態。幸好今年8月9日利奇馬颱風來襲，烏來區福山山區雖然累積降雨高達339毫米，但沒有傳出災情，也讓我的田野調查工作不致於中斷（照片2-29）。[44]

照片 2-29
林務局新竹林區管理處豎立在烏來紅河谷、桶後與哈盆越嶺道入口的告示，迄今還是以蘇迪勒颱風受災之故，勸告民眾暫勿進出。

清末出現在今烏來區的越嶺道路

當今烏來旅遊有所謂三條熱門古道——福巴越嶺道、桶後越嶺道、哈盆越嶺道。[1] 福巴道是從新北市烏來區福山里李茂岸（林望眼）出發，最後抵達桃園市復興區華陵里巴陵（圖一的歪龍社），全程約 27 公里。該道是泰雅族在兩、三百年前踏出的山徑，也是所謂的「姻親路」，讓烏來與復興二地的泰雅族可以通婚（照片 2-30）。[2] 而此道應是這三條古道中最受歡迎的，因為早在 1980 年代興起的「國民旅遊」，即是熱門的健行路線。[3]

桶後道是從新北市烏來區孝義區孝義（阿玉），沿著桶後溪溯行，最後抵達宜蘭縣礁溪鄉匏崙村，全程約 15 公里。該道最早也是泰雅族踏出的山徑，藉以溝通烏來與宜蘭的往來。此道現在除了做為健行路線外，也是臺灣電力公司重要的保修路線。[4] 雖然前述的二條古道眾所周知，但它們並沒有全線被繪於《臺灣內山番社地輿全圖》，這就顯得很不尋常。特別是桶後溪流域，不但沒有畫出道路，連番社都沒有（參閱圖一）。

光緒十二年四月十八日（1886 年 5 月 21 日）福建臺灣巡撫劉銘傳發出一份奏摺至北京，奏報去年十二月（1886 年 1 月）已經完成一條通往宜蘭的道路。這條道路之所以能夠完工，在於去年十月十九日（1885 年 11 月 25 日）馬來八社總目馬來就撫，於是劉銘傳命令兵勇立即開道，計畫

照片 2-30
福巴越嶺道在新北市烏來區福山里的入口，柏油路左側欄杆走階梯下去，就是走入入口步道。

27 THE SAVAGES OF EORMOSA. 武練の人蕃ンガオガ灣臺

從石碇出發通至宜蘭。[5] 具體路程是平林尾（新北市坪林區坪林里）—樟谷坑（坪林區水德里）—摩壁潭（水德里）—倒吊子（坪林區石槽里）—四堵（石槽里）—石牌（石槽里）—十一股溪（宜蘭縣頭城鎮二城里）—白石橋（礁溪鄉白雲村）—礁溪（礁溪鄉大義村）。[6] 本文對於這條「淡蘭便道」描述如此詳細，主要是這條道路為劉銘傳撫番最初的成果，不料竟沒有畫到地圖上，僅在相對地區寫上「草嶺」二字（宜蘭縣頭城鎮石城里）。可以想見地圖的繪製者——疑似全臺撫墾總局，在繪圖時相當主觀。可是這也凸顯，只要被繪製上去，就是當時認知「最重要的」。

事實上，在戰後官方的調查報告裡已提到烏來有四條（越嶺）道路。第一條沿桶後溪至烘爐山、抵達宜蘭，即是桶後道。第二條從烏來沿南勢溪，先至信賢、後至福山，抵達桃園，即是福巴道（照片2-31）。第三條自孝義出發，南下沿阿玉溪溯行，翻越阿玉山後抵達宜蘭。該道從未出現在清代文獻，但被繪於1908年出版的《北蕃圖》（參閱圖七）。[7] 第四條自龜山沿加九寮溪，翻越嶺線後順著大豹溪的支流熊空溪而下抵達熊空。[8] 這一條路線是清末的撫番道路，已經在討論「夾精社」時考證過，並被繪於圖一、圖三。

不過仔細閱讀圖一的內容，會發覺清末總共有七條道路，通至烏來各處或者以外的地方。第一條就是今日的哈盆越嶺道，此道又名雙連坡（埤）越嶺道、中嶺越嶺道。日治初期伊能嘉矩曾調查此道，而且提及該道是宜蘭往烏來方向開鑿。路線為宜蘭縣叭哩沙（今宜蘭縣三星鄉）—大粗

照片 2-31
日治時期的明信片，全副武裝的泰雅族戰士是ガオガン社男子。
ガオガン社通常被譯為「卡澳灣番」，有時被譯為「高岡」（Gogan），它位於今桃園市復興區三光里。不過清末官方稱他們為加九岸社，對照今天為爺亨、巴托諾干與砂崙子部落。高岡距離巴陵不遠，或許清末二地泰雅族男子穿著打扮相差無幾。

照片 2-32
宜蘭縣員山鄉雙連埤，現為國寶級濕地，已被規劃為「雙連埤野生動物保護區」。

坑—雙連埤—阿玉山腳—屈尺。若對照圖一大致雷同，但地圖的路線若從烏來往宜蘭方向，具體路程是林望眼—溯南勢溪上游—草埤（宜蘭縣員山鄉湖西村）—雙連埤（湖西村）—外粗坑（員山鄉湖西村三針後山）、鴉鵲窩（宜蘭縣大同鄉英士村棲蘭山）、崩山（英士村盆盆山）、內粗坑（大同鄉茂安村唐穗山）。[9] 值得注意是，伊能還調查到從雙連埤有「岔路」，直接往東抵達大湖隘界（員山鄉湖北村）（照片 2-32）。更重要的是，伊能也調查此道的開鑿過程，據稱光緒十三年二月（1887 年 3 月）起工，先由副將陳得勝督工，後由另一副將陳羅接替。詎料開路時受到「溪頭番」（宜蘭縣大同鄉泰雅族）出擾，遂在光緒十四年春（1888 年 4 月）先行討伐該番。[10] 這一場戰事伊能沒再敘述，但根據劉銘傳的奏報，他是在光緒十四年冬（1888 年 12 月）才命令陳羅前往剿撫。[11] 因此筆者判斷官兵應該歷經千辛萬苦，還是先把哈盆道築畢，再發動對付溪頭番的戰爭。[12]（參閱圖八）現在對於哈盆越嶺道的看法有謂泰雅族昔日的狩獵小徑，誠然有此可能。[13] 但若是如此清末這條道路就被清軍「加工」，成為統治勢力深入的撫番道路。

第二條是任何史料都沒有記載，只有《臺灣內山番社地輿全圖》繪出的道路，本文命名為「石角輦越嶺道」。會有如此的命名，關鍵是圖一繪出的「石角輦」到底是在何處？考石角輦地名不見清末、日治的文獻，不過它在圖一與草埤有一山之隔，有可能是宜蘭縣大同鄉崙埤村拳頭母山。此條道路也是從林望眼出發，溯著札孔溪前行，抵達「林望眼社」（茶

照片 2-33
這是在福巴越嶺道過 1K 不
遠處拍攝，該道從福山走過
來遇到二條岔路，一條是通
往拉拉山，一條通往茶墾
（墾）與模故山。

墾社）。非常重要的是這段路，筆者在田野調查之前，只能從地圖猜測，
一時還摸不著頭緒。沒想到親自踏查福巴越嶺道後，一切都豁然開朗，
原來它就是福巴道前行的一小段。此道從福山出發約 1.5 公里處分岔成二
條，一條往拉拉山方向，就是福巴越嶺道的主線；另一條是支線前往茶
墾（墾）、模故山，它必須渡過札孔溪，也就是圖一林望眼社上方的「虛
線」（照片 2-33）。可惜這條支線已經埋沒在荒煙蔓草，筆者無法走到茶
墾溪一探究竟，更遑論越溪。然而從圖一查看林望眼社，很明顯是畫在
札孔溪右側（西岸），也就是接近今天福巴越嶺道主線的位置。之後福
巴越領道路線沒有被畫在地圖上，而渡溪的這條道路一直往石角輋方向
前進。

此時隔河有一非常特別的番社，亦是前所未見稱「義興社」，該社位於
一個叫做「義興」的地方。考義興社（Gihing）在日治調查時已經出現，
今名宜亨部落，位於桃園市復興區義盛里。[14] 當然，圖一所畫之處，絕不
可能是桃園。而且這塊南勢溪與札孔溪間夾的地方，不論口傳歷史、田
野調查都不曾有過番社。筆者推測該番社歷史淵源只有二個可能，一是
卡拉模基社（カラモチ），另一是塔拉南社（大羅蘭社，タラナン），
不過以塔拉南社可能性最高。為何是塔拉南社？本章第二節破題就列舉
江桂珍、烏來泰雅民族博物館、烏來鄉志與《.蕃族調查報告書》的記載，
四者所列舉的九個泰雅族聚落，它們彼此之間有交集，而又不被列入內
外馬來大八社只有卡拉模基與塔拉南。可是不要忘了 1897 年伊能嘉矩對
烏來曾做過一次調查，伊能只提到塔拉南，沒有提到卡拉模基。加上從
表一來看，1917 年才是卡拉模基最早出現在日治調查的時間，於是證明
了清末沒有卡拉模基社只有塔拉南社。所以圖一繪出的「義興社」，極
有可能就是塔拉南社。當然現在的烏來區福山里大羅南位置，距離李茂
岸並不遠，這會讓讀者懷疑本文的推論，可是這也證明清末的塔拉南應
該也有遷徙過（照片 2-34）。[15]

照片 2-34
今天在福山里大羅蘭看到的
水圳，是日治時期為理蕃所
需所開鑿，目的在於獎勵泰
雅族人從事農耕，但大前提
是大羅蘭的泰雅族人須先
「定居」才行。迄今水圳仍
有引水功能，並在旁邊修築
步道形成「古圳步道」，為
當地觀光一大賣點。

另外或許有讀者會認為，義興社若不是卡拉模基社，會不會在地緣上更接近哈盆溪流域的哈盆社（打棒）。事實上戰後一般社會大眾對於哈盆的了解有階段性的落差。哈盆溪在 1980 年代就被稱為「臺灣亞馬遜河」，當時要從札孔溪前往須當心狗熊（臺灣黑熊）出沒，其地原始的程度被認為原住民都不願意居住。[16] 哈盆社就是上一節提到，1963 年被葛樂禮（Gloria）颱風摧毀的哈盆部落，二年後該部落全部遷至屯鹿，這一帶遂杳無人煙，直到 1990 年代末期登山隊前進至此，包括哈盆越嶺道在內的山徑才稍有人跡。[17]

就算是在日治時期，哈盆社的資料也很少。較具體的是《高砂族調查書》提到該社從高義社與塔卡山社遷來。高義社與塔卡山社位於今天桃園市復興區高義里，塔卡山社在圖一也被繪出，稱為校椅欄社與竹加山社。雖然哈盆社的歷史淵源與遷徙後的發展，並非內外馬來大八社其中之一，但是它與塔拉南社與林望眼社來往密切。[18] 這一段日治調查成果，再對照圖一繪出的「義興社」，好像增加哈盆社是義興社的可能性，但並非如此。因為戰後口述歷史，對於《高砂族調查書》有更多補充。據稱 1930 年 7 月 12 日今桃園市復興區境內的高義蘭社，在陀薩・諾幹（Tosa Nokan）帶領下遷往哈盆。[19] 不久塔卡散社部分族人也遷至哈盆。從這段故事來看，哈盆社在日治時期一開始就出現在哈盆溪流域，它跟圖一的「義興社」沒有歷史關聯（照片 2-35）。

上述若是正確，圖一繪出的道路繼續往東南前進，穿越兩座山脈的山坳。這兩座山脈地圖未書其名，可能是標高 2031 公尺的拉拉山與 1457 公尺的模故山。再途經石角輋，再途經「射獵」。

射獵，應該是「松羅」（Syanuh, Shoula）的音轉，而松羅即是閩南語「檜木」

之意（一說「扁柏」）[20]。臺灣北部取名松羅僅二個地方，一是新北市烏來區福山里松羅湖，另一是宜蘭縣大同鄉松羅村。可是不管二個當中哪一個，距離外粗坑—鴉鵲窩—崩山—內粗坑都很遠。因此「射獵」另一個地方，也有可能是宜蘭縣大同鄉英士村復興尖山。如此「石角輋越嶺道」走出射獵，往南就可以在鴉鵲窩附近與哈盆道交接。

第三條稱為「杉胡越嶺道」，它在現今公開的史料中，只有《臺灣內山番社地輿全圖》，以及 1896 年臺灣總督府民政局殖產部臺灣產業調查表的附圖有繪出（參閱圖一、圖三）。不過圖一的「胡」字，原圖字跡不清，透過與《臺灣蕃地圖》比對，方知是「杉胡」二字（參閱圖二）。然從圖三來看，此地名也可以寫成「杉湖」。從圖一細看當時有一條道路從枋山山麓的外枋山社，往上（往南）行抵林望眼（山麓）。之後看似「岔路」分出，直通內枋山社，前往望則社（蚋仔社，三峽區有木里），最後抵達杉湖。關鍵是杉胡到底在哪裡？它應該是今天三峽區有木里「滿月圓國家森林遊樂區」整片範圍（照片 2-36）。

這一條路與現今烏來縣道、部落比較相當有意思，首先該路從枋山往上（往南）過來，枋山就是美鹿山，現在這座山的山麓座落著信賢部落，它的前身就是圖一的內枋山社。可是地圖的內枋山社，不是畫在今天烏來區信賢里，反而是畫在「林望眼」。林望眼就是李茂岸，背後倚靠著的山頭應是標高 744 公尺林望眼山，雙雙都位於今天烏來區福山里。所

照片 2-36
滿月圓國家森林遊樂區遊客
中心，它有三個展覽館——
蝴蝶館、森林館、溪流館。

以這條路是從美鹿山的山腳，選擇平地緩處走到林望眼，過程中沒有途經任何番社。直到林望眼後「拐個彎」，往右（往西北）途經內枋山社，行抵杉胡。「拐彎」處圖一繪出在南勢溪畔，應該就是今天信福路與卡拉模基產業道路交界處附近。

再者圖一的道路從林望眼往西北走向杉胡，這一條路今天看似消失，但從地形地貌來看則未必。這條路最有可能上溯大羅蘭溪的支流——馬岸溪（照片 2-37），然後翻過今三峽區與烏來區交界標高 1700 公尺的多崖山，或者標高 1727 公尺的北插天山進入杉胡，也就是今日滿月圓國家森林遊樂園範圍，最後接上今天的東滿步道。

第四條從圖一看，枋山繪出另一條路從外枋山社往下（往西）直通大壩。

照片 2-37
17.6 公里終點就是大羅蘭
部落（塔拉南），可是道路
左側 17.5 公里處，還有一
指示牌，標示著右彎可至馬
岸。馬岸是烏來區開車所至
道路盡頭最遠的地方。

外枋山社就是西羅岸社，它在枋山（美鹿山）的北側。大壩即是今日新北市三峽區大豹溪流域熊空一帶。這一條路即是在「夾精社」討論過的「紅河谷—熊空越嶺道」。紅河谷與加九寮是二個地名並且緊鄰。前者就是南勢溪河床巨巖，受到溪水的侵蝕，呈現傾斜 45 度的奇怪形狀，頗像美國西部拓荒時期的曠野味道，故名紅河谷。[21] 後者是古地名，在紅河谷南勢溪河段興建有「加九寮景觀大橋」，此大橋順溪水而下不遠處，可以看到南勢溪與支流加九寮溪交匯。於是所謂「紅河谷—熊空越嶺道」，它的紅河谷段其實是溯行加九寮溪，前去加九嶺山，翻過稜線後直接走下熊空溪抵達熊空（照片 2-38）。[22] 關鍵在於紅河谷段有條岔路，通至標高 980 公尺的高腰山，再從高腰山通往標高 870 公尺的美鹿山（枋山），而這一條岔路就是在圖一枋山往下的「虛線」。戰後田野調查指出信賢舊部落（內枋山社／ラハウ）也有一條古道，可以通往標高 1118 公尺的拔刀爾山，這是一條獵首的出草道，翻下山就是三峽熊空。[23] 這一條道路迄今仍留，因為從拔刀爾山也有一條舊道，接上紅河谷段。筆者認為所謂的出草道，要伏擊的對象即是「杉胡越嶺道」，以及「紅河谷—熊空越嶺道」往來的兵民。[24]

第五條從圖一看，就是從小寮渡過南勢溪直達外枋山社。小寮介於今天成功與烏來污水處理場之間，從此渡過南勢溪旋接上對岸的加九寮步道。不過該路沒有循著今加九寮步道沿著溪岸走，圖一很清楚繪出是往「山區」前進。上文提到的「紅河谷—熊空越嶺道」紅河谷段，其實還有一

條岔路從加九寮直通美鹿山（枋山）。所以這一條道路應該是渡溪行抵今加九寮步道後，直接走向山區接上這一條加九寮—美鹿山路徑，最後行抵外枋山社（西羅岸社）。

第六條從圖一看，就是從小粗渡過北勢溪到雙溪口。這一條路其實也是烏來山與大桶山縱走之路。烏來山的「餘脈」就是小粗上方的黑色彎曲線條，大桶山的的位置就是北勢溪旁邊，納仔社下方黑色線條。大桶山步道是早年烏來泰雅族人與漢人聯繫的交通路線，也是烏來對外聯絡的步道之一。1996 年 7 月賀伯颱風侵襲臺灣，整條臺 9 甲線道路（新烏路）受損嚴重。由於烏來與外界聯絡中斷，為取得糧食與補給品，當地的泰雅族人便走這條步道至山下。[25] 筆者也親自縱走烏來山與大桶山，以及從大桶山步道前入後出。如果是前者，縱走路線在烏來山的起點，都是從 849 路公車總站不遠的妙心寺出發。如果是後者，就從新店區龜山里桂山路登山口進入，再從烏來區忠治里接近金堰產業道路的登山口出來。可是圖一把這條路，繪出的出發地是小粗，變成是從今天成功與烏來污水處理場之間的路段出發。然後沿途循著稜線走至大桶山。不過走下大桶山的出口，從圖一觀之應該是今天的桂山路。先沿著北勢溪走一小段，然後在蛇舌子附近渡過北勢溪抵達雙溪口（照片 2-39）。

第七條從圖一看，就是從雙溪口走至屈尺，再走至新店（新店區新店里）。雙溪口到屈尺的舊道，從輿圖來看不是沿著新店溪溪岸走下去，反而是走山路。若是如此，這條路的路徑可能與今天的新烏路有重疊。抵達屈尺後，再往山下走，應該就是行走今天存留的百年古道——屈尺古道。屈尺古道連結屈尺與（小）粗坑，從小粗坑走出之後，有二條路線，一條是從小粗坑坐著渡船橫渡新店溪，前往對岸的灣潭，再徒步穿越灣潭走到開天宮對岸的渡船頭，再搭乘另一艘渡船橫渡新店溪，最後抵達今

BOX

烏來溫泉標誌與含義

黑色兩座山的符號，代表烏來兩座名山——大桶山與烏來山相依偎，又像飛翔的烏鴉，象徵這裡就是烏來。紅色冒煙的泉池，這是國際性的溫泉標誌。藍色下凹線條，代表桶後溪與南勢溪合流處。所以紅色符號加上藍色符號，表示兩溪合流處有溫泉湧出，吻合古時泰雅族人稱此地為 habun tngtong。意謂兩條溪流會合處冒熱氣的地方。黑色、紅色、藍色符號組合在一起，整個畫面酷似紋面的泰雅族婦女，成為友善微笑的臉譜，歡迎大家光臨烏來（照片 2-40）。[26]

照片 2-40
懸掛在烏來區烏來里烏來街溫泉旅館的溫泉標章

開天宮之下的渡船頭——新店渡（照片 2-41）。另一條也是從小粗坑出發，但先走至直潭，再從直潭搭乘渡船橫渡新店溪，也是在灣潭上岸，橫越格子嶺（過嶺），下嶺後抵達碧潭對岸的渡船頭，由此橫越新店溪抵達新店老街（新店里新店路）。[27] 這二條路從現在經緯度地圖來看的確是一條捷徑。不過從圖一來看屈尺到新店，道路經過之處都是在內陸，距離新店溪稍遠，也沒有任何渡口。因此清末這條道路，特別是從小粗坑（地圖沒有繪出）至新店，很可能與今天的新烏路、北宜路高度重疊。

照片 2-41
今天在開天宮下方的新店渡，也是全臺灣僅存人力擺渡的渡口，不過礙於經費，很可能在 2019 年底停止人力擺渡，也廢掉渡船。

照片 2-42
從西羅岸路的觀景臺遠眺烏
來山東峰（右）與烏來山主
峰（左）

由於這七條道路已出現在官方繪製的地圖中，所以可以視為建省後重啟
開山撫番的成果。遺憾的是任何清末或日治文獻，除了哈盆越嶺道之外，
另外六條都沒有記載開闢的過程。僅有光緒七年（1881）淡水海關稅務司
漢科克（William Hancock, 1847-1914）提到他從屈尺進入烏來的情況，也許能
視為圖一屈尺至小蓑的描述。漢科克不時記下「路徑被高山垂直的山坡
緊縮著」、「路寬僅能讓人踏下兩腳」、「大雨過後路基流失行人必須
抓著岩石通過」。[28] 日治的調查研究顯示，泰雅族的路原本是要聯結番社、
耕地與獵場，[29] 路的二旁都是僅容一人、雜木草茅茂盛之地，甚至有些道
路本身就是可以行走的溪谷（筆者舉例如桶後越嶺道）。[30] 筆者認為這七
條道路，都是在泰雅族既有道路上修築完成。它們全被清軍利用稍加修
繕，遂成為官府勢力深入烏來，並控制各個番社的重要路徑（照片 2-42）。

三峽地區地名與番社考證

三峽，清代地名稱三角躑或三角湧。躑者，佇足不前，因三面環水；湧者，形容水波奔騰之狀。正說明此地是大漢溪、三峽河、橫溪匯合的三角型沖積平原，乾隆初期（十八世紀中葉）已有漢人入墾（照片 3-1）。[1] 乾隆二十五年（1760）「土牛藍線」定界後，在界外三峽溪中、下游與接近鳶山（三峽區鳶山里）區域，清廷劃出一大片土地給霄裡社（桃園市八德區）做為社地，另外劃出更大一片土地給霄裡社、龜崙社（桃園市龜山區）、武勝灣社（新北市新莊區）、擺接社（新北市板橋區）做為四社公地名為「福安埔」。[2]

乾隆四十九年（1784）《臺灣田園分別墾禁圖說》繪出「土牛藍線」、「土牛紫線」變動範圍。乾隆二十五年（1760）「藍線」准墾地區大致以大漢溪為界。可是到了乾隆四十九年，「紫線」向大漢溪上方（東方）移動。表示 20 餘年的時間，漢人越界開墾嚴重，最後大安藔（土城區大安里）、九芎林（土城區祖田里）、橫溪北（三峽區溪北里）、橫溪南（三峽區溪南里）、廣福莊（三峽區添福里）都列入請墾範圍，並在十三添山腳（三峽區添福里）設隘防番。[3]

照片 3-1
三峽河與橫溪匯流處，三峽河從正前方流過來，正前方最遠處白色鐵橋是三角湧大橋。橫溪從左側流過來，左側水泥橋是佳興橋。

照片 3-2
即便到了今天，「十三天」
之名仍出現在三峽區添福路
兩旁店家的招牌。

乾隆五十三年（1788）林爽文事件結束，清廷除了計畫重新定界外，還準備在臺實施番屯制。二年後三峽地區的番界，雖然往內山再推進一些，但範圍並不是「很大」。[4] 原因是養贍地劃定的地區，即是昔日設隘之處——十三天（十三添）以東附近（照片 3-2）。這是給予南嵌社（桃園市蘆竹區）、坑仔社（蘆竹區）、龜崙社（桃園市龜山區）屯丁的酬勞。[5] 當然，乾隆五十五年（1790）重新定界，筆者推測比六年前「土牛紫線」沒有前進多少，主因除了時間太短，漢人越界侵墾「形跡未露」外，當地山區泰雅族的強悍恐是更重要因素。

之後史料明確記載今三峽泰雅族獵首，並釀成朝廷傳旨亟欲懲辦的大案，則是發生在乾隆五十六年（1791）彭貴生事件。原來彭氏（可能是客家人），素與當地泉籍百姓不睦，於是勾結淡水廳三角湧生番出草。不料以剿捕匪徒而斬立決著稱的臺灣鎮總兵官奎林（？-1792）沒有採取行動，高宗先申斥一頓，改調奎林為駐藏大臣，遺缺由福建水師提督哈當阿（？-1799）兼任並剿辦此事。[6] 的確，三峽泰雅族的首狩，絕非只有彭案這一樁，要不然當地居民也不會在淺山沿途設隘防番。同治十年（1871）《淡水廳志》記載二個隘，一是原本的十三天隘，設立隘丁 30 名駐防。另一是橫溪南北隘，設隘丁五名駐防。他們所要防備就是三角湧界外四社——猴吼里自社、橫溪油蔴社、大霸社、思囉阿班社，很明顯就是日後被稱為大豹番的泰雅族。[7] 可是從圖一來看，只有大霸社能被正確指認是大堨社（三峽區插角里）。思囉阿班社音轉類似詩朗，若判斷無誤就是內詩朗社（三峽區五寮里）。其餘二個番社很難考證。不過圖三的內容有些線索，即是在三角湧街上方繪出十三天社，以及右側繪出烏頭窟社。這二個番社從來不見於清代任何文獻，但被繪於 1896 年的地圖，可見得日人調查功夫之深。

三峽溪中、下游

上文提到十三天養贍地，最慢在嘉慶二十一年（1816）由墾戶首丁文開開墾；其址在三角湧添福莊，過程中還築埤鑿圳、墾成水田。不過所謂的「添福莊」在《淡水廳志》中並無記載。事實上該志提到三峽的莊名，僅有海山堡三角湧莊（三峽里）、橫溪莊（溪北里）、劉厝莊（龍埔里）。然而筆者認為這僅是方志，記錄「大莊」不列「小莊」的手法。如同第二章（新店溪流域）討論到的大坪林五（小）莊，在《淡水廳志》就以拳山堡大坪林（大）莊一筆帶過。[1] 值得注意的是《臺灣內山番社地輿全圖》，著重的是建省以後開山撫番的描述。因此對於政策無關的地名，通常只是輕描淡寫。故地圖中的三角湧，因設「撫墾局」而重要，就被繪製出來。但是「杏溪」（橫溪）僅聊備一格，繪製出的是「河流名」，而非莊名（照片 3-3）。劉厝莊距離「生番」區域稍遠，索性不繪製上去。這不單是漢人村莊如此，對於「熟番」的繪圖考量更是如此。上文提到霄裡社、龜崙社、武勝灣社、擺接社公地「福安埔」，其實是三峽開發史重要課題。即便到了建省巡撫劉銘傳推行土地改革，官府也沒有取消這四社百餘年來的地權。[2] 可是它與開山撫番無關，故地圖也選擇不繪。因此三角湧撫墾局「左側」往上（往南）延伸的溪流──三峽河，其中、下游繪製的地名就非常重要，代表著清末三峽開發的地區，包括：菜園地、

照片 3-3
橫跨於橫溪的橫溪橋，橋的右側是溪北里，橋的左側是溪南里。

照片 3-4
三峽區五寮里五寮國民小學
正門，五寮國小附設有「客
語魔法學院」，肩負推動母
語的工作。

六藔、七藔、紫薇坑。[3]

六藔與七藔，最需要留意的是六藔與七藔，因為在三峽區有兩處相同的
地名。一處是今竹崙里六藔與七藔，另一處是今五寮里六藔與七藔。圖
一所繪到底是今天哪裡？答案是五寮里，因為該里還有一個地名稱菜園
地（照片 3-4）。此三個地名都在五寮溪流域，圖一在七藔的左側繪出一條
支流就是五寮溪。考菜園地之名是為地勢低平，當地居民開墾做為菜園
而得名。

五寮溪流域的開發，最晚在道光十年（1830）已有紀錄，當時有墾戶金順
生設隘防番、招佃開墾，四至範圍提到七藔與窩仔格（五寮里崚仔格，參閱
圖九）。可是過程中「疊開疊廢」戕害生靈不少（泰雅族出草）。直到同
治七年（1868）永福莊（桃園市大溪區永福里）墾戶黃安邦自籌鉅款、募
佃入山，整體形勢才大有可觀。[4] 不過對於三峽開山撫番歷史來說，六藔
與七藔的「藔」字才透露出玄機。蓋因於「藔」指的是「腦藔」，為砍
伐樟樹重要據點，亦與三峽客家開發史有關。根據客家文史學者研究，
五藔（溪）的客家人來自桃園、新竹。他們之所以會進入該流域，主要
是板橋林家的林維源（1840-1905），在當地成立墾號、招佃開墾。此處客
家人稱開墾成果為「結腦」。結腦的意思是將許多樟腦裝在一起，故在
此之前必須先「焗腦」。[5] 焗腦就是用水氣蒸樟樹（先砍劈成數塊），冷
卻後可以凝結成樟腦。焗腦、結腦都在腦藔進行，腦丁可以視焗腦區域
大小，設立一至二個灶。[6] 再從圖三來看這塊地區，1896 年的調查顯示
菜園地、五藔、六藔的樟樹砍伐殆盡（前多今無），只有七藔的圖例為
「╳」表示樟樹僅剩無多。[7]

另外，今新北三峽與桃園大溪交界處，實為清末三峽土匪出沒的「熱區」。

照片 3-5
三峽區竹崙里紫微福安宮，根據本宮碑刻記載此處小地名為祖眉坑，始建於日治大正十二年（1923），實為「金交椅穴」的風水寶地。

咸豐八年（1858）一張給墾契也透露出端倪，當時永福莊墾戶首陳添成因「中、湧」等莊為番匪滋擾，於是與眾莊總董、紳耆籌議章程，呈請淡水廳同知飭銷先前廢墾的命令，重新復隘防守保護佃耕。「中、湧」即是中莊與三角湧，中莊在今桃園市大溪區永福里，三角湧指的就是三峽區。[8] 清末馬偕牧師（Rev. George Leslie Mackay, 1844-1901）更強調三峽是臺灣北部最擾亂的地方。雖然三角湧街已是 2000 人的聚落，但許多匪類盤據在山中，人民不得安寧。[9]

紫薇坑，又名紫微坑、紫微，在今三峽區竹崙里（照片 3-5）。此地又稱左賣、左賣坑，相傳墾戶林左賣來此拓墾，故以他命名。[10] 從圖一來看，紫薇坑的位置畫的不是很正確。原因是紫微介於三峽河與橫溪之間，但距離橫溪比較近，不過地圖畫的比較偏三峽河。此地開墾史文獻極少，從圖三來看，1896 年的調查甚至於沒有繪製紫薇坑的地名，然而距離它最近為竹坑（竹崙里），樟樹資源顯示為「多」。[11] 不過從薇字加上「艸」字頭，也透露出蛛絲馬跡，此地的開發可能與栽種經濟作物有關——靛菁。根據民俗文化學者研究，咸豐初年艋舺人林左賣至紫薇一帶伐樟與栽植藍草。[12]

BOX

劉銘傳

劉銘傳，字省三，安徽省廬州府合肥縣人。生於道光十六年（1836），卒於光緒二十二年（1896），清末臺灣近代化建設的先驅。同治元年（1862）李鴻章招募淮軍時，劉氏慨然從軍投營効力。他率領「銘字營」驍勇善戰，特別在剿捻戰爭時，屢建奇功。光緒十年（1884）清法戰爭爆發，朝廷啟用劉銘傳，授與巡撫銜並

命他督辦臺灣軍務。成為欽差大臣的劉銘傳負責戍守臺北，在兵勇將士用命與幸運之神眷顧下，最後贏得戰爭。光緒十一年（1885）臺灣建省，劉銘傳成首任巡撫，至此展開丁日昌以來第二次洋務新政。軍事建設方面，分為營伍整頓、整建礮臺、兵工廠設立、鐵路鋪設。實業建設方面，最重要是基隆煤務改採商辦方式過渡。不過光緒十六年（1790）商股退出煤務局，臺煤產量日漸減少。相較於煤務的不振，礦務的發展有好的表現。光緒十二年（1886）臺北府礦務總局成立。二年後臺灣硫磺成功打開島外市場，隨後礦務總局在上海英租界設有辦事處，承辦兩江、山東、奉天、直隸的商務。而為了要有效招商，也成立商務局，並以該局名義購得輪船二艘，充作官輪航行於本島與大陸各埠，甚至遠到呂宋、胡志明市、新加坡。值得一提的是光緒十四年（1888），在臺北府城門裝設燈桿，讓臺北成為臺灣最早有電燈的地方。

土地改革方面，劉銘傳鑒於臺灣隱田太多，官府無法徵收足額的田賦，決定實施清賦。「清賦」工作分為二階段——清丈與改賦。清丈即是重新丈量田地，化甲為畝；改賦為取消業戶，讓握有土地經營的佃戶，成為納稅義務人。不過業戶抗議聲浪太大，官府折衷採「減四留六」之法妥協。興辦教育方面，官府為積極培育西學人才，遂在臺北大稻埕創立西學堂，之後又創設電報學堂。對於原住民的教育，則創建番學堂。當然科舉考試仍繼續維持，並且因臺灣建省的關係，使得各府、縣生員學額大增。

總之，在劉銘傳的興辦下，各項新政次第展開。它們有開創性，亦有延續性。持平而論他的建設的確為臺灣社會、經濟發展帶來新氣象；但重要的建設都以半途而廢，或未盡其功告終。這使得劉銘傳的歷史評價，迄今仍難以蓋棺論定（照片 3-6）。[13]

照片 3-6
修復後的劉銘傳故居——宮保第

插角、金阿敏、大埧、杉胡

該區域是「大豹番」泰雅族的勢力範圍。日治時期的研究成果稱呼今新北烏來泰雅族為屈尺蕃，桃園復興泰雅族為大嵙崁蕃。三峽的泰雅族沒有專屬的名稱，均被劃歸於大嵙崁蕃（照片 3-7）。[1] 然而地方志書卻有不同分法，1906 年《桃園廳志》把大嵙崁蕃與「大豹蕃」並列，同時稱大豹蕃是由ユボ社（有木社／三峽區有木里）、ラワ社（蚋仔社／有木里）組成。[2] 有趣的是日治鄉土教材為了凸顯泰雅族的身份，除了大豹蕃外，還特別寫入雙溪蕃（有木里）、東眼蕃（插角里）、五寮蕃（五寮里），並使用前所未有的合稱──九穴蕃，來彰顯三峽部分地區曾是「蕃地」的特殊性。[3] 事實上，巡撫劉銘傳曾在奏摺裏提到大埧七社，可是往後的任何史料均未說明是哪七個社。[4] 現從《臺灣內山番社地輿全圖》來看，應是分布在插角、金阿敏、大埧一帶的宜亨社、插角社、白石腳社、金阿敏社、大埧社、敦樂社、梭落社。

大埧七社的歷史源流不如馬來八社清楚，現考證到有二種說法。一是戰後口述提到大埧泰雅族的祖先原本居住在棲蘭（宜蘭縣大同鄉），可是獵場遠至五寮一帶（照片 3-8）。爾後棲蘭的泰雅人遷徙到五寮，此時才發現內詩朗（三峽區五寮里）已經有其他泰雅族部落。五年之後居住在五寮的泰雅人，又遷徙至大豹社（三峽區插角里）。他們移居後原本居住在五寮的土地，就讓居住在內詩朗的泰雅人入據，並且更名為「新詩朗」。

照片 3-7
可能是 1930 年代末期在今桃園市復興區三民里角板山拍攝的泰雅族男女，從照片女子身揹一個嬰兒來看，應該是一對年輕的夫妻。角板山的泰雅族，在清代臺灣建省後被稱為「大嵙崁十三社」，或者「大嵙崁蕃」。步入日治改稱「大嵙崁蕃」。

（山板角　地蕃　灣塞）
社　蕃　KAPPAN-ZAN TAIWAN

詩朗（Silung）是天然小池塘的意思。[5]

另一種說法，大埧泰雅族的祖先是從今桃園市復興區遷徙而來。事實上，居住在今高坡（復興區羅浮里）以西的大嵙崁番，從南投縣北港溪上游，經臺中、新竹山區遷徙至大嵙崁山區已是乾隆時期（1760 年代）。[6]1980 年代在今桃園市長興里高遶採集到的口傳，稱 270 年前（1713 ？／康熙末期）泰雅大頭目武塔（Buda）率眾來到復興。之後他的長子 Ginbula 居住在奎輝（復興區奎輝里），次子 Ginyaben 居住在高坡、小烏來（復興區義盛里）、霞雲（復興區霞雲里）附近，三子 Ginyawe 則居住在三光（復興區三光里）。[7]筆者推測 Ginyaben 的後代可能從高坡再往南插天山移動，因為才能接上另一個記錄，大約在咸豐時期（1850 年代），有一批住在南插天山半腰的泰雅人遷居至大豹。[8]

日治時期的紀錄提到大豹社是大嵙崁（前山）番中最驃悍兇猛，清末他們與鄰近的番社屢次擊敗前來討伐的清軍，使得「大豹番」高傲氣燄日增。[9]其實筆者也認為把大埧七社與馬來八社比較，前者勇猛的戰鬥力應該略勝一籌：主因是馬來八社很快被劉銘傳招撫，大埧七社一直處於不屈狀態。既然如此，泰雅族部落的領袖制度就非常重要，可以了解泰雅人如何以小搏大與清廷周旋。現今二十一世紀的泰雅人，回首過去祖先的歷史，特別是日本人留下的調查成果，不乏提出質疑的地方。如文獻中記載的總頭目—大頭目—小頭目—一般壯丁的階級制度，重新審視後認為泰雅族社會體制，沒有這樣的組織存在，因為頭目之下就是族人（照片 3-9）。[10]但清末迄今已近 130 年（1888-2017），傳統的制度與習俗總有變遷的過程。清代文獻對於泰雅族本身的制度描述不多，使得日治初期對於清末調查研究顯得重要。[11]

照片 3-9
頭目之下就是族人，從這張日治時期坐姿的泰雅族頭目，以及站姿的「蕃丁」來看，或許就是如此的階層。

泰雅族各部落（各番社）有三個重要組織——血族團體、祭祀團體與狩獵團體。血族團體簡稱血族團，指同一血源家族同居一處而形成的社會團體，通常一個血族團體構成一個部落。

祭祀團體簡稱祭團，是為舉行宗教儀式（播種祭、收穫祭、獵頭祭、祖靈祭）重要團體。如果部落由一個血族團體構成，則部落與祭團相一致。可是部落若由不同血族團體組成，部落內就會產生若干祭團。

狩獵團體簡稱獵團，是為部落或血族團體的男子所組成，婦女禁止參加。一個部落可能有一個，或一個以上的獵團。但由於大嵙崁番、屈尺番有些部落的祭祀團體較小（人數少），所以常以二個祭祀團體組成狩獵團體。最重要的是獵團平常進行狩獵，戰時搖身一變成為戰鬥團體。[12]

祭團與獵團規模相一致時，祭團的司祭或獵團的首長，即被認為是部落頭目。如果部落中出現若干祭團，就會共推最強大血族團體族長為頭目，此頭目在清末受官廳承認。一社之頭目在單一祭團或獵團之部落，常由一人來擔任。但在多個祭團或獵團之部落，官廳會在頭目之下另設副頭目一人或數人。例如：大嵙崁番的角板山社，原有四個獵團，且各有領袖一人。官廳旋指派二人為正頭目，二人為副頭目。詩朗社（圖一稱詩隴社）只有一個獵團，故僅任命頭目一人。[13]泰雅族的頭目由社眾推舉而擔任，從上述來看頭目都是社眾中具有優秀才能（獵首、作戰）、擅長社交、深受信任、素有聲望者。但他的地位會因死亡、衰老、失去眾望或因官廳另選而更迭。[14]

此外，部落同盟也是清廷執行開山撫番政策的頭痛對象。泰雅族各部落通常散居在一條河流的溪谷上，這樣同流域的族群常成為各社同盟的基礎。所以當有頭目發起「會盟」，各社頭目將在指定的時間、地點齊聚，共推各社中最有能力者為「盟長」。但持異議者可中途離場，這就沒有遵守共同決定的義務。一旦部落同盟成立，只要加盟的其中一社受到敵人侵襲，其他社有共同支援的義務。再者面對其他部落或同盟之戰鬥，該部落同盟可以決定謹守中立，或者加入作戰。[15]本文所討論的馬來八社、大壩七社就是部落同盟。由於泰雅族一社大概由二、三十戶至五、六十戶組成，人數最少的番社也有五、六戶。[16]因此部落同盟組成後，所招集的「番丁」可以有近百人的規模，成為森林游擊戰最強大的隊伍。更何況日治初期的調查均稱，泰雅族一名戰士可以敵過清兵若干，故清軍遇到泰雅戰士屢次戰敗，實不足為怪。[17]

不過需要留意的是泰雅族的獵首與戰爭概念不同，獵首的對象不一定是仇敵（甚至絕大部分都不是仇敵），但是戰爭對象一定是仇敵。會成為仇敵的原因在於土地掠奪、被獵首、入侵獵場。而且戰爭過程中，泰雅

族沒有俘虜敵方的習慣，並且不論男女老幼都不能免除被殺戮的命運，惟有不能強暴敵方的婦女。[18] 也因為如此，不時看到清末檔案提及受到泰雅族攻擊的漢人聚落，必定死亡慘重。有了這些背景的了解後，回過來看三峽泰雅族各社，定能更清楚他們在清末的角色。

插角，今天三峽的地名還分為外插角、插角與內插角（照片 3-10）。問題是圖一的插角位於何處？《臺灣內山番社地輿全圖》繪出的插角與插角社，都位於大豹溪的右側（南方），這與我們熟知的外插角、插角與內插角地點完全不同，因為今天這三個地名位於大豹溪的左側（北方）。如圖三 1896 年繪製的地圖，就與今日插角地名位置相符。難道是輿圖又畫錯了嗎？筆者一開始也是如此判斷，但是有新店區忠治里小寮地名考證的經驗後，認為輿圖「畫錯」的認定就保守許多。因為就算是畫錯，繪圖者所要表達的意思到底是什麼？最後才導致「畫錯」。首先要問的是插角地名有何典故？

以往的研究認為清末並無漢人拓墾於插角，到了日治初期泰雅族被驅離後，才有漢人遷入。而插角地名的由來是有一座標高755公尺的塞口（坑）山（照片 3-11），塞口的閩南語拼音 Saikau，日人讀音サイカク，寫成漢字為「插角」。[19] 不過從圖一來看，插角與金阿敏地名在清末已出現，而且清末早有客家人來此開墾，插角的大姓為鍾氏，金阿敏的大姓為鍾氏與劉氏。[20] 於是有另外說法，可能較接近命名緣由。據稱插角為傳統木造建築樑柱交點部件，因為當地地形類似故名插角。[21]

照片 3-11
從桃 119 縣道遠眺塞口坑山

若按上述，清代是沒有「插角」地名，日治以後因為サイカク寫成漢字，才出現「插角」。然此說與圖一不符，因為清末早已出現「插角」，或許當地地形類似建築構件才有此命名。不過塞口（坑）山的出現，也帶給筆者在地名上一些思考。此山在今天的行政區屬於三峽區金圳里，若要畫在圖一，就要畫在大豹溪的右側（南方）。雖然圖一沒有寫出出塞口（坑）山四字，但 1908 年伊能嘉矩在大豹溪、五寮溪、三民溪流域進行田野調查時，已經把塞口山繪入（參閱圖八、九）。

值得注意的是圖一金阿敏與插角，都各畫出一座山頭。它們到底是哪座山？最關鍵的史料是圖三 1896 年《臺灣總督府民政局殖產部臺灣產業調查表的附圖》。細看此圖金阿敏社左側有一個地名——白石腳，而金阿敏社與白石腳上、下各有一條河流。上方是大豹溪的重要支流——東眼溪，故圖三繪製成的支流稍寬。下方也是大豹溪的支流——金敏溪，但屬於涓涓流水，所以繪的很細長（照片 3-12）。因此回過頭來細看圖一，所謂白石腳社依托的山頭，必定在前述二條溪流之間，最有可能是標高594 公尺內金敏山，行政區為三峽區金圳里。果真如此，圖一在白石腳社左下方沒有標示地名的山，就是塞口（坑）山。如果內金敏山確定，那麼它的上方，金阿敏與金阿敏社依托的山，最有可能是標高 993 公尺，也是新北市三峽區與桃園市復興區的界山——金平山主峰，行政區屬三峽區五寮里。原因是此山山勢頗高，隔溪與大壩相望，最重要的是金平山的右側，圖一繪出道路通的番社，即是桃園市復興區霞雲里的泰雅族部落。

照片 3-12
金敏產業道路旁的金敏溪小
橋，小橋前往的地方是一片
竹林，可能為便於挖筍所
建。從照片上看金敏溪就是
一條涓涓細流，而這條產業
道路是筆者開車進行田野調
查，所走過道路中感覺最原
始。

《臺灣內山番社地輿全圖》對於插角與插角社的位置的確畫錯，但是圖一相對位置的三座山（塞口坑山、內金敏山、金平山主峰）並沒有畫錯。那麼圖一的插角與插角社該繪於何處？對照圖三，應該繪於大壩社之下，紫薇坑之上。今天插角的地名分化成外插角、插角與內插角，很可能是日治以後的結果，原因為圖一與圖三繪出的插角或插角社，不管是地名或是社名都只有一個。[22]

再從圖一來看，「畫錯」插角有三個番社——宜亨社、插角社、白石腳社，金阿敏有一個番社——金阿敏社。不過現在看來，只有宜亨社、白石腳社與金阿敏社的位置是正確。白石腳社的「白石腳」，也可以稱為白石下，今日行政區為金圳里（參閱圖九）。至於對金阿敏社的刻板印象，普遍認知是在今天的金敏，然從本文考證來看則未必。圖一的位置所繪是在金平山，日治稱カナビラ。[23] 清末插角社、白石腳社、金阿敏社的相關史料極少，僅在 1896 年臺灣總督府民政局殖產部臺灣產業調查表的附圖有繪出樟腦資源（參閱圖三）。插角社的圖例為「前多今無」，金阿敏社的圖例為「多」，反映了清末開山撫番的情況（照片 3-13）。

然而宜亨社就需要注意。此社在日治稱ギヘン（或者エーヘン），由於總督府曾把它劃歸桃園廳管轄，其位置又鄰近今天的桃園市，很容易誤會該番社最早屬於桃園泰雅族部落。[24] 但從《臺灣內山番社地輿全圖》來看，清末宜亨社在今新北市三峽區五寮里毫無疑問。

1895 年 7 月臺北縣陳報（清末）撫墾局狀況，提到宜亨社有頭目打牙哇丹、代麼密鮮、有干也烏（筆者認為可能有三個獵團），番社男 112 名，女 120 名。1896 年 7 月《大嵙崁撫墾署報告》曾對宜亨社更有詳盡的描述。有云步入日治，今三峽與復興的泰雅族部落，宜亨社是最早與日人接觸的番社之一。當時漢人通事回報，宜亨社頭目タイムミシャン（代麼密鮮）正招集各社頭目商議規劃來署。1895、1896 年皆連續記載，宜亨社頭目的身分應該是從清末延續至日治。不過代麼密鮮除了是宜亨社頭目外，還是大嵙崁附近各番社的總頭目（共有七社：均堯板社、外合吻社、宜亨社、大熱社、內角板山社、外角板山社、豎角排社）。[25]1897 年 5 月大嵙崁撫墾署長宮之原藤八親自前往所屬蕃地巡視，他稱前往宜亨非易事，從河岸（應該是五寮溪）進入一條通至北方的溪路，全程沒於茅草叢中，若不仰望則不見樹木。宜亨社位於陡坡之上，土中多石不適開墾，僅栽種甘藷充作食糧。此地山中多樟樹，而且雜樹陰鬱、晝猶如夜。[26]

大垻，亦稱大豹，日治稱トアバ，今隸屬於三峽區插角里。[27] 大豹之所以知名，在於大豹溪是今三峽河上游避暑勝地。從圖一來看，大垻右側即

照片 3-14
大豹石，像是豹頭在飲水。

是大豹溪。[28] 事實上大埧（大豹）的範圍頗大，有謂內插角、插角、外插角、有木皆是。[29] 然而對於大埧（大豹）命名的典故，總是流傳與「豹」字相關描述。若按今日田野調查成果，大豹溪即是「大壩」；壩字通埧，亦寫成大埧。這與圖一比對完全相同。大壩不是源自泰雅族社群名稱的說法，而是客語「河壩」的諧音，壩是可以灌溉又可蓄水的人工建築。有意思的是清末的「大埧」，如何變成日治初期的「大豹」（參閱圖十）？任何史料都沒有記載確切的年代，不過「豹」的緣由可能是今大豹溪大義橋附近，有一塊巨石狀似「豹頭」，遠看神似一頭豹在河邊飲水，故名「大豹」（照片 3-14）。[30]

圖一在大埧之處繪出三個番社——大埧社、敦樂社、梭落社。對照 1896 年的圖三在相對位置繪出六個番社——大埧（社）、內大埧（社）、外大埧（社）、怡母社、敦樂社、東眼社。如此番社的增減，必須再對照 1908 年的圖十來考證。圖一與圖三繪製相同名稱的番社有二——大埧社與敦樂社。圖一大埧社繪製在大豹溪的左側（北方），可是圖三大埧社繪製在大豹溪右側（南方），並且大埧（社）下方（西側），還繪製出一條支流，應該就是東眼溪。可見得圖一的大豹社與圖三的大豹社，彼此所在位置是二個不同的地方。若從繪圖時間來看，圖一是光緒十四年（1888）所繪，圖三是 1896 年所繪，八年之間大豹社不但有遷徙，而且聚落還一分為三。因此圖三的「外大埧（社）」，應該就是圖一的大埧社。而且圖一大埧與大埧社依托的山頭，很可能是標高 780 公尺的雞罩山。圖三的「內大埧社」位於熊空，1888 年沒有出現，1896 年首次出現在地圖上。圖三的「大埧（社）」前所未聞，考證今日的地點應該是今天插角里 14 鄰東眼（路）18 號附近（照片 3-15）。

怡母社，圖一是繪製在金阿敏社上方（東側），是為單獨的一個番社。

照片 3-15
東眼路上的路標

圖三也是繪製在金阿敏社上方，但是隔大豹溪與內大埧（社）相望，並且在敦樂社的左側。很顯然圖一與圖三顯示怡母社都是在今大豹溪右側（南方），乍看之下清末位置與日治好像不同，但也不一定。圖一的怡母社座落地點，剛好介於汙來廣二社（桃園市復興區義盛里上宇內），以及大豹溪居中的位置，又有一座「山頭」襯托，因此該社很可能在今標高 977 公尺志繼山。至於圖三的怡母社下方（西側）的溪流，應該是大豹溪另一條支流——水車寮溪。而水車寮溪的源頭，就是發源於志繼山山腳。因此圖一與圖三的怡母社，不僅名稱相同，百餘年前的位置在地圖上可能也相同，行政區屬於三峽區插角里。

剩下只有敦樂社、梭落社與東眼社，三社到底位於何處？若從圖一、圖三與圖十細察，可以確認三張地圖都出現敦樂社，可是所在位置卻有差異。圖三的敦樂社繪於水車寮溪附近，對照圖十敦樂社也有一條小溪，應該也是水車寮溪。因此 1896 年圖二的敦樂社，它與 1908 年圖十的敦樂社位置可能相同。然而這二張地圖所繪敦樂社位置，就與 1888 年圖一的敦樂社差別極大。圖一的敦樂社繪於大埧，也就是圖三外大埧社、圖十大豹社的位置，今天的行政區屬於三峽區插角里（照片 3-16）。可見得光緒十四年（1888）《臺灣內山番社地輿全圖》繪製完畢，不久後敦樂社就遷徙，故 1896 年它被繪於地圖上，就出現在大豹溪的對面。

至於梭落社就很特別，它只有在圖一被繪出，可是圖三與圖十都沒有繪

照片 3-16
牛角坑產業道路上的牛角坑福德祠，此路從牛角尖山開通過去，而牛角尖山與雞罩山相隔不遠。

出梭落社，但兩張地圖都有繪出東眼社。所謂的東眼社是位於大豹溪右側（南方），而且從圖十繪出等高線來看，東眼社應該還是在三峽區東眼路沿線。於是筆者大膽推測圖一的梭落社，就是圖三與圖十的東眼社。考證若正確，1888 年的梭落社也是位於大壩，行政區屬於三峽趨插角里，之後遷徙改稱東眼社。

清末的大壩社（大豹社）是出名的強悍，他們出草的對象未必下山至三峽河中、下游獵首，亦有可能翻過山頭前往今新店山區尋找目標。今天三峽與新店的界山——標高 989 公尺加九嶺山，據稱是烏來屈尺群泰雅族，以及三峽大豹群泰雅族分界線。同治時期新店古文書有記載「墾戶受到大豹社騷擾而星散」，表示大壩社攻擊的範圍橫跨三峽與新店的確不假。[31] 再從《臺灣內山番社地輿全圖》來看，從外枋山社（西羅岸社／烏來區烏來里）延伸過來的「紅河谷—熊空越嶺道」，先通至熊空（此地名在圖一未繪出），後抵大壩的大壩社（雞罩山）。之然後穿越大豹溪卻不抵達金阿敏社（金平山主峰），遂直接往下（往西）抵達塞口（坑）山，可能在今天金敏橋附近穿越大豹溪，直往標高 643 公尺的鹿窟尖山。接著行抵白雞，再抵達紫薇坑。之後從今天經緯度地圖看，若要走「捷徑」，紫薇坑到三峽老街不需要渡過橫溪，只需要渡過三峽河即可。但是圖一畫出的路徑，反而繞一大圈。先越過杏溪（橫溪），或許前往至橫溪南北隘（橫溪橋），走一小段今天溪北里的路，再越過三峽河，途經劉厝埔（第三章第一節的劉厝庄），最後抵達三角湧（老街）。

杉胡，上文已經討論過除了 1888 年圖一，以及 1896 年圖三有繪製此地名外，現公開的史料都沒有記載它。不過筆者認為杉胡的上方（南方）寫有插天山三字，即是今天標高 1907 公尺的南插天山。本身依托的一座山，雖然沒有寫出山名，但應該是今天標高 1727 公尺的北插天山（塔開山）

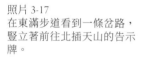

照片 3-17
在東滿步道看到一條岔路，豎立著前往北插天山的告示牌。

（照片 3-17），其中的望則社應是蚋仔社。若判斷正確，杉胡可能是今三峽區有木里「滿月圓國家森林遊樂區」整片範圍。在這塊區域，圖一繪製出三個番社——望則社、大垻新拐社、花草藍社。對照圖三在相對位置也繪出三個番社——老畦社、馮來帶木社、有老社。然而圖一與圖三的番社名似乎找不到對應之處，於是再對照 1906 年《桃園廳志》，以及 1934 年《我們的海山》鄉土教材，提到今三峽區有木里也是有三個番社——ヱボ社（有木社）、ラワ社（蚋仔社）、雙溪番（雙溪社），對於考證應該可以提供出線索。

有木社（ヱボ社）即是有老社，蓋因於老字通「栳」為樟樹的意思。大垻新拐社為四個字的社名，只有馮來帶木社可以對應，兩者應是同一個番社。望則社就是蚋仔社（ラワ社）。於是經過重複檢視排列，發覺望則社—老畦社—蚋仔社（ラワ社）一組，大垻新拐社—馮來帶木社—雙溪社一組，花草藍社—有老社（ヱボ社）—有木社一組。[32]

雖然筆者努力想考證清末杉胡的三個番社，以及步入日治以後名稱的演變，可惜各個番社具體的描述還是太少。現公開史料中僅有「臺灣總督府公文類纂」有隻字片語的記載。1898 年 8 月臺北縣三角湧辦務署有關蕃人蕃地之事務及情況報告，曾提到海山堡九鬮莊（三峽區竹崙里）約二千餘公尺之蕃境，該等蕃人為マンチエク、トアバ（大豹）、エーヘン（宜亨）三社，沿三角湧溪上游而居。[33] 後二者很清楚是哪個番社，只

照片 3-18
從東滿步道看到一條岔路往小烏來與赫威山，所謂的岔路崎嶇難行，按照筆者的經驗，往往不是路標上面寫的時間 80 分鐘、60 分鐘可以抵達。

有第一個番社不知何處？然而マン・チ・エ・ク為日文四個字的發音，四個字的番社在三峽泰雅族部落只有一個，就是大埧新拐社（馮來帶木社），也就是雙溪社。

再者，1898年臺北縣景尾、三角湧辨務署有關蕃人蕃地之事務及情況報告，也提到大豹社由四個小社組成，即九歪社、伊仔社、老仔社。老仔社應該是「栳仔社」，也就是有木社。伊仔社，應該是望則社。「九歪社」是一個前所未見的名稱，不過1934年《我們的海山》鄉土教材亦提及「九穴番」一語，或許指的是雙溪社。「事務及情況報告」聲稱大豹社一帶（可能是杉胡）東西約六公里，南北約十公里。九歪社（大埧新枴社／雙溪社）有19戶、95人，伊仔社（望則社／蚋仔社）16戶、82人，老仔社（花草藍社／有木社）13戶、65人。[34]

最後圖一在杉胡繪製出一條路，即是從林望眼（烏來區福山里）開闢而來。第二章第三節已經討論到這一條道路的烏來段，該道可能翻越標高1700公尺的多崖山，或者標高1727公尺的北插天山進入杉胡，也就是今日滿月圓國家森林遊樂區範圍，最後接上今天的東滿步道。如此的考證筆者很有把握，原因是我行走於東滿步道，看到前往北插天的岔路，以及從東滿步道前往小烏來、赫威山的岔路（照片3-18）。由此可知，順著前往小烏來的岔路，行走方向猶如圖一繪出前往愈簡社、愈藹社（桃園市復興區霞雲里），最後來到汙來廣二社（桃園市復興區義盛里上宇內）。這一條路連通今新北烏來、新北三峽、桃園復興，可謂清末建省北臺灣最重要的開山撫番道路。

上篇 第四章

前言已經提到臺灣首任巡撫劉銘傳，對於重啟第二次開山撫番事業的重要性。十九世紀末、二十世紀初德國歷史學者 Albrecht Wirth（1866-1936），曾在 1898 年撰寫《臺灣之歷史》對劉銘傳有一番評價，他云：「劉氏是除了李鴻章之外，中國最有才能的人物…（治臺）成績超過所有前任者，實在是國姓爺（鄭成功）以後台灣歷史上最重要的人物。」Wirth 亦指出劉銘傳在歐洲很有聲望，且在功績上表現於交通建設（鋪設鐵路、海底電纜、陸上電報線）。不過對於撫番，Wirth 顯然引用官方說法。他聲稱該政策讓內山（譯著稱內地）38000 居民與 260 個部落，以及東部 50000人的 218 個部落降服，並將這些廣大邊境地區應用於有規律的農作。[1] 反觀同時期「臺灣通」的美國記者大衛森（或譯為達飛聲、禮密臣，James Wheeler Davidson, 1872-1933），他於 1903 年《臺灣之過去與現在》提到臺灣建省時期在許多方面頗有進步，但在治理生番方面則毫無改進，反而比前一大段時期有更多流血事件。[2] 沒想到清末最後二十年（1875-1895），治臺政策中最具代表性，也是耗費最多銀兩的開山撫番，外國人對其看法竟是南轅北轍。可見得這段歷史必須重新討論，而且是從最關鍵的森林資源——伐樟焗腦開始（照片 4-1）。[3]

照片 4-1
清代漳州式腦灶的復原模型，使用此腦灶焗腦也是清代臺灣普遍的技術。通常一個腦灶有八或十個鍋，這與日治時期改良式腦灶用的是巨大「腦炊」不同。

掠奪與闇黑的「撫墾」事業

咸豐以前臺灣的樟樹砍伐，因與軍工戰船建造有關，長期以來都被臺灣道所控制。這使得 1858 年開港後，來臺發展商務的洋行大為不滿。不過同治七年（1868）發生的樟腦戰爭、安平事件，改變了樟腦被官府壟斷局面。同年十月十八日（1868 年 12 月 1 日）《樟腦條約》簽訂後，洋商與受雇者皆可自由購買樟腦。[1] 清末《淡新檔案》對於樟腦買賣開禁前後，有著隻字片語的記錄。其中最重要是同治六年九月（1867 年 10 月）曾有洋人「各執刀械」，屢向三角湧腦戶強買私梆，眾腦戶不從竟被毆傷。[2] 淡水廳的案卷說明即便砍伐樟樹受到管制，但腦戶煎煮私腦橫行，使得這些「非法」樟腦被洋商盯上。於是無法自由取得貨源的洋商，遂使用武力強買非法樟腦，關鍵是案發地就在今新北市三峽區。然而樟腦解禁後，洋商的交易就能順遂嗎？恐怕也未必。同治八年（1869）臺灣道黎兆棠（1827-1894）出示曉諭，盡其所能阻止洋商大宗採購樟腦。其法是依照天津條約、北京條約內容，規定洋人行棧只能設立在通商口岸（基隆、淡水、安平、打狗），其餘地點都是「奸民」不知條約，私自租賃房屋與洋商暗中圖利。而當中一個地點，也是大漢溪重要港口 —— 三角湧。難得的是在兵役追查下，發現三角湧大腦戶為傅玖、陳唴二人（照片 4-2）。[3]

諷刺的是官員阻撓常白費心機，Wirth 指出 1865 至 1867 年臺灣樟腦平均輸出額 7102 擔（一擔 =100 斤，一斤 =600 公克），但 1868 至 1870 年

照片 4-2
湊合橋，橫跨的溪水往上游走稱大豹溪，往下游走改稱三峽河。因此湊合在清末也是漢番勢力的交界。

樟腦平均輸出額增至 14240 擔。爾後樟腦輸出額一直有好的維持，直到 1880 年輸出額仍達到 12355 擔。不料從該年度起，樟腦的輸出便逐年低落。[4]《臺灣通志》對此發展亦有描述，稱樟腦一宗產自內山，民間煎作業已有年。嗣因外山樟木砍伐殆盡，內山逼進生番，民不敢入，光緒八年（1882）以後顆粒無出。[5] 綜合前述可以說臺灣建省前，今新北市伐樟焗腦的大本營是三峽，而非新店或烏來。並且十四年來（1868-1882）大量開採，丘陵地帶的樟木已經伐盡，僅剩河川上游及其支流，因接近生番領域漢人不敢深入。

然而從另一個角度看，樟腦之利大興也給予官府增加稅收的機會。或許是阻止洋商大宗購買樟腦無效，同治九年（1870）臺灣道黎兆棠宣布每百觔（斤）樟腦，抽取稅銀 5 角 5 分，結果竟是「商民稱便」。[6] 不過當時還未有以「樟腦」為名的單位負責稅收，這項工作可能交付給總辦臺灣稅釐局來處理。[7] 直到建省後劉銘傳看重樟腦帶來的可觀收入，遂在光緒十二年九月（1886 年 10 月）奏准由通商委員浙江候補知府李彤恩（? -1888）、後補知府丁達意會同設立臺北府腦務總局。同年年底亦設立大嵙崁分局、三角湧分局、雙溪口分局。分局最重要的工作，就是有委員司事人等專駐秤收，由此可知樟腦的取得與銷售又受到官府控制。具體作法是各分局收購樟腦，再轉售給「特許」的包商（照片 4-3）。[8]

根據研究這些包商承攬業務各年度迥異，例如：1886 至 1887 年為英商

照片 4-3
大豹溪十八洞天美景，其實就是河川侵蝕巨石形成的壺穴。可以想像百餘年前腦丁，從大豹溪進入三峽深山應該也會看到。只不過繁重的焗腦工作，以及泰雅族隨時獵首的危險，有無心情駐足觀賞就不得而知。

大和公司承包，1887 年 10 月至 1890 年 6 月由粵商恆豐號承包，1890
年 6 月至同年底由德商公泰洋行承包，但由霧峰林家之林朝棟具名。[9] 光
緒十七年正月（1891 年 2 月）腦務總局改名為礦腦總局，名義上腦務工作
由礦務委員兼辦，實際上業務已改歸商辦。其實腦務的稅收就是挹注開
山撫番的經費，有記載該局設立後，每年可從製成的六、七十萬斤樟腦，
課出「防費銀」五、六萬兩；其中十分之一（五、六千兩）交給各支局
做為經費，剩下盈餘還有四萬餘兩。[10] 可惜的是臺北府腦務總局的史料
很少，各分局的史料更少。現僅知三角湧腦局的位置，設立在八張周厝
（三峽區八張里）。分局又稱局館，俗稱抽分館。當時規定居民搬出山
產，必須至局館納稅，倘走私被逮，則物件充公，人犯被笞。光緒十七
年（1891）三角湧焗腦有 150 灶（照片 4-4）。[11]

此外，臺灣建省後亦設立另一個重要機構——撫墾局，該局在北部如何
與臺北府腦務總局及其分局，共同進行開山撫番工作，現存史料太少毫
無知悉。只有前輩經濟史學者周憲文（1907-1989）曾注意到，並認為凡欲
入山設立腦藔者，需經撫墾局核准方可受到保護（繳交灶稅）。至於各
地所產樟腦，悉由腦務局收購。看來二個單位在的權責與分工也十分清
楚。[12]

日治初期官方檔案曾對清末撫墾局運作有過調查，亦能一窺當時局務運
作概況。光緒十四年（1888）全臺撫墾總局設於大嵙崁（桃園市大溪區），
該局的編制設立總辦一人，會辦與委員若干人。總辦由板橋林家成員
——內閣侍讀學士林維源擔任。總局之下又設立十四個分局，各個撫墾
局分局設立委員一人，以七品官資格任用，但多以營官兼任。幕友二人，
審議計畫撫墾事宜。司事四人，掌理局內庶務會計。通事二至十人，負
責原住民語言的翻譯。局勇四至八人，掌理防番、保民事務，並監督局

織手の婦蕃 （山板角 地蕃 灣臺）
KAPPAN-ZAN TAIWAN

照片 4-5
可能是 1930 年代末期在今
桃園市復興區三民里角板山
拍攝的泰雅族女子，請注意
正面織布的女子，只有額頭
有直線刺青，但臉頰已無刺
青。

內所屬隘務。教耕、教讀、醫生、剃頭匠若干人。教耕為指導原住民耕種，教讀為教導原住民讀書，醫生負責原住民與漢人的醫療，剃頭匠負責原住民男子的薙髮，每半個月要續剃一次。值得一提的是原住民的女性也有工作，當時從嫁與漢人之番婦中遴選若干人，擔任應接之職。只要「生番」出山入局，就由她們負責給予酒食接待（照片 4-5）。[13]

各分局成立後，最重要的工作有二，一是對於生番的招撫，二是對於漢人的招墾。在生番招撫上，可讓生番來各分局進行交易，甚至於在各分局供應茶飯酒肉，讓他們酒醉飯飽後，歡天喜地回去。如此一傳十、十傳百，可讓生番遠近皆來，心悅誠服、感化歸順。爾後各撫墾局又有以金錢攏絡之法，只要番丁出山薙髮每月給洋銀三元做為食俸，（總）頭目給銀六至八元不等。生番年長者給米二至三斗，番童給一斗，每年也會給予衣服。並且撫墾局還為其建造房子，房內所用一切什物也由局內供給。再給與黃牛一頭，以資耕作；母豬一隻，使其繁殖。

在漢人招墾上，有意願者先向各分局申請執照（墾照），之後丈量請墾土地，報告廳縣訂其租稅（田賦）。不過土地未陞科之前，承墾者每年必須先繳納農作物收成十分之一給撫墾局，充做局內使用費用。之後稅制訂立，每甲合田十一畝三分，區分上、中、下三等，三年陞科後每年土地每甲納大租六至四石，茶每萬株納銀四元，腦丁熬腦每月繳納防費，木料出山繳納釐金。[14] 而從新史料中，又讓我們對撫墾局的作為有更多認

12　Savage houses of Urai, Formosa.　（臺灣）ウライ蕃社
臺北から一日行程、昔は相當暴れた事もあるが今は
從順な彼等である溫泉もあつて景色もよい處

照片 4-6
很難得找到日治初期烏來社
的圖像，明信片中的泰雅族
婦女身穿漢人服飾，筆者推
測拍攝時間可能距離清末不
遠，加上以台北一日行與溫
泉做為賣點，很可能是 1900
年代末左右。

識。日治初期大嵙崁《准許開墾理由書》曾提到光緒十六年（1890）撫墾
局發給諭單，規定埤圳築造費用官方可以提供三年無息貸款，以及官費
一千元之情事。[15] 由於清代臺灣開發過程中，修築埤圳大多是墾民的工作；
官方很少以公款支援，更遑論還有「無息貸款」的德政。更可以看出建
省後，省垣希望透過撫墾局的力量，加速山地的開發。[16]

透過上述背景認識，再討論今新北市三峽區與新店、烏來區的開山撫番
會更加了解（照片 4-6）。在三峽方面，此地的樟樹資源遠比新店、烏來來
得多。因為 1899 台灣總督府殖產課技師田代安定（1857-1928）曾調查二
地，並指出新店、烏來山中樟樹比較少，不像大嵙崁與三角湧到處形成
純種樹林。[17] 三角湧撫墾局總綰三峽溪、橫溪、五寮溪流域與山區開山撫
番工作。戰後編修《三峽鎮志》曾有一段沒有史料來源的記載，聲稱該
局統轄十一個番社。[18] 正好與本文使用《臺灣內山番社地輿全圖》整理出
的十一個番社數目相同，它們為宜亨社、插角社、白石腳社、金阿敏社、
大埧社、敦樂社、梭落社、望則社、大埧新拐社、花草藍社、怡母社。

1897 年 5 月大嵙崁撫墾署長宮之原藤八視察時的報告，曾對大漢溪與五
寮溪流域有一番敘述，部分事涉三角湧撫墾分局業務頗為重要。文書中
提到有一小河為舌那筍與水流東之境界，舌那筍為今桃園市復興區澤仁
里哈胺部落，水流東為今桃園市復興區三民里，因此兩者間的「小河」
可能是今三民溪。宮之原稱此平原面積二千公畝，皆有水田遺跡。清末

曾有二千餘名漢人前來開墾，號稱「水流東之十結」（原譯稱水東流），
而一結等同於一村。[19] 至於紫薇坑、大寮地是在光緒十五年（1889）前後
拓墾（照片 4-7），但光緒十八年（1892）歸於荒蕪，1895 年日本領臺此
地已成為泰雅族獵場。[20] 遺憾是清末三峽的家族對於開山撫番有何貢獻？
史料存留太少無法評論。僅知十三添陳氏家族的陳豬英，因膽識武勇，屢
見軍功，獲賞為藍翎五品軍功，亦為十三添（三峽區添福里）的墾戶首。[21]

在新店與烏來方面，第二節提到最慢在道光九年（1829）屈尺莊已經出現，
同治十一年（1872）全立香燈水田約字，也說明當時泰雅族勢力全面退出
屈尺。越二年後在欽差大臣沈葆楨的奏准下，全臺開始進行第一階段開
山撫番。新店溪上游的開墾，在此政策之下又有不一樣的發展。光緒四
年（1878）《全臺前後山輿圖》繪出的「新墾地」，似乎就是在表達這項
成果（參閱圖四）。問題是新墾地到底在哪裡？從本文對於「內外馬來
大八社」的考證來看，筆者不認為建省前，漢人已經進入今烏來地區開
墾。因此所謂的「新墾地」，最有可能的地方是新店溪的支流——平廣
溪流域，今天的行政區屬於新店區廣興里（照片 4-8）。同治十二年（1873）
的一份曉諭透露出端倪，這是署理淡水廳同知何恩綺發出的公文，內容
說明前一年墾戶金順安買得土地，地址在菜刀崙、小坑範圍（廣興里）。
該人等聲稱因為逼進番界，山場「久荒」，故眾議設隘防番。何恩綺答
應所請，並指示照例勘丈陞科、應完正賦。[22]

這一段往事再補充 1897 年臺北縣知事橋口文藏駁回新店溪上游原野開墾
申請案，當中所附的一段土地荒廢調查能夠更加清楚。調查內容指出新
店溪上游在清代都是番業戶（秀朗社）獲准開墾的土地。然咸豐年間番
業戶不知為何，將本案土地（平廣溪流域）讓給黃祖濤等二十名（黃祖
濤為深坑黃家成員）。[23] 這些受讓者在同治年間受到生番襲擊而撤離該

地,於是該地成為荒廢地。直到光緒十五年(1889)黃氏等人向大嵙崁撫墾總局申請再墾獲准,但這項流程僅止於公文核准,日後也沒有實際開墾行動。[24]

透過上述大致可以知曉,建省前漢人開墾止於屈尺、雙溪口、直潭山、平廣溪流域。上文在考證大舌社(桶坪社/西波安社)提到,同治年間漢人進入南勢溪設立腦寮、採收樟腦的傳聞相當可疑。然而建省後,漢人開始進入今烏來拓墾,最早來到此地建立行商者,可能也在這個時期。據聞高沛蚶在烏來開設第一家商店,並販賣日常用品。[25] 不過烏來的開拓最重要還是焗腦,其次是種植茶樹。對於雙溪口腦局與屈尺撫墾局的歷史無法討論,因為完全沒有史料。戰後進行的口述歷史提及,當時的焗腦先集中在北勢溪右岸的小格頭(石碇區格頭里),之後遇到泰雅族大舉攻擊,而被官府出兵平定後,改移至斯卡尼(加九寮溪)與烏來二地。其規模腦灶多達三、四百個,每個月焗腦六、七萬斤。[26] 若口述報導屬實,那麼建省後今新北山區「樟腦輸出」烏來已經超越三峽。筆者認為這段口述內容應該不是空穴來風,因為本文在考證林望眼社時,曾提到日治初期調查當地樟樹資源稱「前多今無」,很顯然是清末開採的結果。林望眼社海拔約一千公尺,百餘年前想要深入此地非易事,只有漢人「大舉砍伐」才有可能,再對照口述報導的規模有其合理性(照片 4-9)。

在種植茶樹方面,1897 年臺灣總督府民政局殖產部林務課技手小笠原富次郎曾調查烏來土地使用情況。他在覆命書中報告光緒十九、二十年(1893、1894),當地原本已經開發的土地,因遭受泰雅族的襲擊而荒廢。雖然漢人已經撤離,但原本種植的茶樹到了日治初期仍「蒼翠」生長。荒廢的土地約有九百甲,尤以龜山、大粗坑、墩溝、五股寮(新店區龜山里)的茶樹最多。[27]

屈尺蕃ウライ社蕃人ト家屋　　　*Furaisha Natives.*

照片 4-9
日治初期屈尺蕃烏來社的泰雅族

至於清末新店的家族對於開山撫番有何貢獻？由於史料存留比三峽稍多，可以略知一二。劉廷玉，新店大坪林人。光緒十一年（1885）清法戰爭結束以後，曾參與招撫馬來八社的工作。光緒十三年（1887）屈尺撫墾局成立，以兄劉廷藩，姪劉隆得為襄理，共同招募漢人入山栽菁植茶，並設立教育所，以弟劉祖壋為司教，招集泰雅族孩童四、五十人，教以語文，勸戒改除獵首習俗，並易姓為陳、林、高、潘氏。

王詣，新店屈尺人。光緒十一年初任屈尺團練局局長，後任屈尺撫墾局哨官，敘官正六品，委帶隘勇 150 名，投入開山撫番事業（照片 4-10）。

游世清，新店安坑人。光緒十一年擔任屈尺撫墾局正哨，委帶雙溪口、屈尺隘勇百名，以防泰雅族攻擊。[28]

事實上臺灣建省前後對於三峽、新店、烏來山區的開發，仍擺脫不掉掠奪的事實。清末的一則故事充分反映了闇黑面，而且外國人著作不約而同記錄下來。有云大嵙崁有一個「大膽心細」的漢人想出一個主意，邀請泰雅族來參加燒酒與豬肉的大宴會。泰雅族男丁接受邀請，並且毫不疑懼前來；等到大夥酩酊大醉時，突然有一群武裝漢人衝出。漢人一下子就俘虜 13 名泰雅族勇士，其中還有一人是勇猛著稱的頭目（有的書寫為 15 名，頭目不止一人）。漢人開始與他們談判，泰雅族戰士同意讓漢人入山砍伐樟樹，但是漢人要泰雅族頭目交出一位女兒與二位兒子做為

人質。這三位人質被押送到大嵙崁的全臺撫墾總局，他們受到殘酷的待遇，其手腕與足踝用一長鏈綁縛在竹竿上。[29]

另一則故事發生在三角湧，有一洋人訪問漢人墾民首領的茅屋，發現有二名泰雅族男子被牢牢綁住。經過詢問漢人們冷冷地回答，泰雅族男子是被「邀請」下山，他們是在商談一塊樟樹林地的開發。漢人用這種方法逼迫泰雅族男子同意，如果這二個人還要繼續固執下去，漢人們可能會殺掉他們。其實清吏對差不多每天發生在邊境漢番衝突均不在意，生番被誘騙到村子慘遭謀殺，或者生番被囚禁，官府都不認為是公權力應該介入之事。因為漢人們願意繳交「灶稅」，在官府眼中已經取得開發權，而漢番之間的衝突只不過二造「私人協定」沒有談好。[30]不過要是生番主動出草獵首釀成大案，官府一定會介入懲辦。清末馬偕牧師（Rev. George Leslie Mackay）曾到大嵙崁訪問，親眼看到全臺撫墾總局監牢關押 24 名生番，他們全部被判了死刑，罪名是殺死在山區伐木的腦丁。[31]

而且不止三角湧、大嵙崁流傳漢番仇殺的故事，新店、烏來也有相同的記錄。戰後口述報導提到石頭厝（新店區廣興里）有一漢人女子，看到泰雅族婦女下山至市集交易。由於她氣憤自己的丈夫被泰雅族獵首，遂殺害眼前這位素昧平生的泰雅族婦女。當地人害怕泰雅族會來報復，紛紛關門不敢做生意，石頭厝市集也就星散。[32]由於漢番矛盾劇烈，因此烏來的泰雅族曾抱走漢人小孩回來收養，雖然人數沒有很多，但還是有幾個個案。目的是讓小孩下山交易（口述稱買鹽），平地人看到他們有感情就不會仇殺。[33]

1896 年大嵙崁撫墾署報告書曾留下宜亨社頭目タイムミシャン（代麼密

鮮）之弟—タナワタン（打牙哇丹）一段記載，打牙哇丹曾氣憤表示受到「清國政府」虐待之事。他云尚未設立撫墾局時，漢番的來往反而比較平和，雙方以物易物、各取所需。不料劉銘傳進行開山撫番，兵丁與墾民勾結為害番人利益。各番社人等向官府控訴，官府不僅不聽，還誘捕他們投入大嵙崁獄中嚐遍苦楚。直到前一年乙未戰爭爆發，才趁機逃獄歸社。[34]

「兵民勾結」是以往在開山撫番史料中很少提到，美國記者大衛森（James Wheeler Davidson）有詳細描述。他指出焗腦工作，漢人雇主會指派一個工頭管理約十個灶，工頭可對每擔樟腦抽取五角至一元當作報酬。此外工頭必須安排給腦商送貨，給生番補償費，給腦丁供應品，這些工作都有外快。然而清代官員天性多貪汙舞弊，它所造成結果是漢番常兩敗俱傷。大衛森舉例有個地方，一開始受到清廉官吏治理、甚得人心，詎料良吏他調後，接替者為貪墨昏庸之輩。此人將生番應得的補償納入己有，生番下山索取「回扣」不得其法遂憤怒難消。此時各番社發生天花，生番歸咎於漢人作祟，於是大舉下山出草情勢不可收拾。[35] 大衛森沒有說明這是清末哪一椿事件，這就是發生光緒十三年八至九月（1887年9月至10月）三角湧、大嵙崁的開山撫番戰爭（照片4-11）。

照片4-11
日治時期的明信片，雖未寫出是哪一社泰雅族，但筆者認出是ガオガン社（卡澳灣）戰士，因為當中有一些人出現在照片2-31。他們集中在望樓上下，戴斗笠者為漢人，可能來此進行交易。

近三年烏來的報導 **BOX**

剪報是筆者每天要做的事，由於筆者一天閱讀五份報紙，經年累月下來地方新聞整理相當豐富。可不要小看烏來，雖然都以臺北的後花園來形容，但相關報導頗多，絲毫沒有隱身在山後的樣子。休閒是我們對於烏來的第一印象，因為烏來是溫泉渡假勝地，在烏來老街與溫泉街，名湯店家林立，弱鹼性碳酸泉水質，有「美人湯」稱號。而近年來泡湯又有新賣點，位於西羅岸路的溫泉旅館，開放家中寵物也能一起泡湯。[36] 另外還有所謂「微旅行」，標榜遠離塵囂享受寧靜，如烏來出現的魚菜共生農場。[37] 以及最近突然成為熱門景點的內洞國家森林遊樂區，在園區內享受芬多精與瀑布飛濺水花的清涼。[38]（照片4-12）

講到青菜，烏來最有名的是珠蔥與桂竹筍。相關報導稱珠蔥為春天的滋味，並且都是有機栽培友善土地。[39] 桂竹筍則是每年4、5月採收，臺灣有很多地方也盛產桂竹筍，可是烏來的桂竹筍品質極佳，今年新北市長侯友宜也特別來到烏來促銷，欲以「桂氣迎人——桂竹筍暨農特產品推廣」打出名號。[40] 再者，把泰雅族文化融入旅行，更能增添活動內涵。福山部落應該是所有烏來區首開其端的地方。

新北市政府觀光旅遊局規劃「烏來福山部落悠遊行」就是一個很好例子，甚至今年筆者也攜家帶眷參加（參閱下篇二）。[41] 這對振興地方經濟來說大有助益，伴隨著是福山部落打造成藝術村，賣起獵人便當，菜色就是上述的珠蔥、桂竹筍，加上馬告與醃山豬肉。同樣地獵人教室也開辦起來，並推出泰雅長弓射箭體驗活動，再結合春天賞櫻，期待吸引更多的遊客光臨。[42] 當然一年一度泰雅文化季更是盛事，現在的文化季被視為重振觀光的主力。[43] 不過以泰雅族文化導入文創藝術，可能更會引起社會大眾的驚嘆。有「針織女王」之稱的設計師潘怡良，2019 年春夏新品的設計，就導入泰雅族特有的編織技術與圖騰。[44] 由此可知烏來泰雅族文化蘊涵的美感，以及整體觀光資源的豐厚仍潛力無窮。

德國歷史學者 Albrecht Wirth 曾評論清末臺灣最後十年的歷史，他認為雖然原住民數起叛亂被壓服，但他們仍保持山區陣線，使得中國人（官民）無法突破。而且每次亂事都是數以百計的中國人突遭屠殺（獵首）開始，漢番雙方互相畏懼與嫌惡，彼此間的戰爭也極盡殘忍之能事。[1]

講到戰爭，泰雅族擅用火槍的本事不能不提。對於泰雅族使用火槍的研究，首推日治臺灣「蕃通」森丑之助（1877-1926），在他的大著《臺灣蕃族志》提到許多重點。首先槍枝流入番地是在乾隆末年，但僅是火繩槍而已，若是新式槍枝（後膛槍），大部分是在光緒時期。其次漢人攜帶火繩槍進入山區，生番因害怕槍枝的威力，幾乎不敢出手對抗。特別是隘寮的隘勇持有火繩槍，生番大多不敢靠近。其三，生番知道槍枝的厲害，也開始學習使用。他們可以透過與漢人交易取得槍枝，或是大膽偷襲隘寮、獵首隘丁搶奪槍枝。[2] 其四，泰雅族擅於戰術而勇敢，在他們的武器中最寶貴是槍枝。清末從漢人輸入許多精品，使得每個泰雅族男人都擁有槍枝（照片 4-13）。[3]

森氏的研究都是寶貴的田野採集，惟獨第一點內容對照清代官方檔案有誤，但是它已成為日治研究原住民的刻板印象。例如：二十世紀初臨時臺灣舊慣調查會提到臺灣蕃族使用火器，可以追溯至乾隆末年（十八世紀末）。[4]1930 年代鈴木質也認為直到乾隆末年（十八世紀末），生番（譯作稱山胞）才懂得使用槍械。之後對槍械視若生命，成為最貴重的傳家寶，僅在結婚當作聘禮或賠償損害時才會離手。[5] 事實上，根據筆者研究，熟番在雍正七年（1729）就有使用火槍的記錄，生番最遲在道光二十九年（1849）也有使用火槍的記錄。[6]

生番有了火槍後，簡直如虎添翼。清末馬偕牧師（Rev. George Leslie Mackay）描述生番非常擅用火槍，而且可以使用躺平姿勢，把火槍放在腳趾之間當作支點射擊。[7] 馬偕沒有說明是哪一族原住民，但從他在北臺灣傳教的路徑，據信應該指的是泰雅族。1930 年代擔任臺北帝國大學文政學部史學科助教宮本延人（1901-1987），也對泰雅族火槍多有描述，指稱使用槍枝多為舶來品，有英國製、義大利製、日本製村田式步槍。有趣的是不少槍枝準星與照尺都被磨掉，因為背著它們在草叢前進，常會被雜草勾到很不方便。特別是泰雅族戰士放槍，則是把槍夾在腰部，以腰射姿勢

照片 4-13
日治時期的明信片，也是ガオガン社（卡澳灣）戰士，當中有一些人出現在照片 2-31 與 4-11。中間站立者所持槍械已是後膛槍，腰間的皮帶塞滿子彈，左側站立者手持長矛，右側站立者手持弓箭，三位全部腰繫番刀，武裝強大。

187 （赤岡兄弟商會發行）　SAVAGES　臺灣タイヤル蕃人武裝

開火。[8] 由此可知，建省後防軍勇營所要對付的對象，在火器的使用上不會遜色多少。這使得戰爭爆發之初，劉銘傳樂觀認為可以用武力平定原住民反抗，很快就要蒙上一層陰影。

再者清末史料所提生番獵首，所犯「命案」的生番不一定是距離案發現場最近的番社。光緒十二年（1886）劉銘傳在大嵙崁親征時，就提到今三峽紫微坑（竹崙里）有六人被獵首，即是竹家山生番所為（桃園市復興區高義里塔卡散部落）。在今新店屈尺也有二人被獵首，即是加九岸生番所為（桃園市復興區三光里爺亨部落）。[9] 1897 年日本人調查時也稱三角湧大豹社泰雅族，未必選擇在當地獵首，反而翻過山頭遠至新店屈尺獵首。[10] 同樣的道理，若有某番社被官方招撫，該番社或許在一、二年之內，不會在社域中再度「蜂起反抗」。但是不敢保證，受到其他番社部落同盟的聯絡，他們可以跨出社域、翻過崇山峻嶺，協助未受撫的生番對抗清軍。這裏指的就是內外馬來大八社的案例。

根據光緒十一年十月（1885 年 11 月）臺灣巡撫劉銘傳奏報表示，該處生番八社男婦不過八百餘人，他命令記名總兵劉朝祜帶領親兵百人，會同在地紳士候選縣丞李秉鈞、訓導劉廷玉招撫馬來巴卡（マライバッケ），否則一定派兵攻剿。劉銘傳為彰顯誠意，先嚴辦在當地「虐番」的副將潘高陞。馬來聽聞大喜，親往屈尺求撫，並且要求所有八社番丁，皆薙髮歸化（照片 4-14）。官府給予馬來的獎賞算是優厚，每月發給口糧銀六兩（當時淮軍正勇每月軍餉四兩二錢），但規定馬來必須親自到淡水縣

照片 4-14
1903 年泰雅族屈尺群男女合照，筆者認為可能也是烏來社男女。此照片亦是由「蕃通」森丑之助（1877-1926）拍攝，其他資料書籍所看到大都是黑白照片，因此這張彩色照片相當珍貴。

2 Kusshaku savages of Taiyaru tribe, Formosa. (臺灣) タイヤル族屈尺蕃
臺北に最も近い處に住む蕃人、從順に勤勉に働いて居ます

署領取（該署舊址在今台北市武昌街一段 14 號）。同時劉銘傳也命令劉朝祐，督帶張李成土勇一營，趁此冬季開路通往馬來八社徐圖入山。因此圖一從屈尺出發，通往林望眼社的道路，也應該在那時開闢。[11]

馬來就撫後，直到光緒二十一年（1895）割台為止，都沒有再復叛。然而1897 年 5 月大嵙崁撫墾署長宮之原藤八視察時的報告，提到他曾親自面見屈尺河（南勢溪）上游遷來社總頭目尤幹必恩（ユカンビ`ーン）。「遷來社」是清代任何史料從未提過的一個番社。可是根據所述，該社在「吶哮山中大瀑布」四公里處，由此可知應該就是吶哮社，也就是圖一的內枋山社（照片 4-15）。據聞尤幹身體肥大，身高 180 餘公分。由於他曾與舊政府官民互相戰鬥，所以左手指甲遭彈丸擊中，迄今無法自由活動。[12]

內外馬來大八社就撫後，今烏來地區在清末就沒有發生戰爭，為何尤幹還會與舊政府官民互相戰鬥？唯一的可能就是他參與三角湧或大嵙崁泰雅族的反抗行動。臺灣建省後，三角湧開山撫番戰爭總共有三次，每一次都是撫而復叛，而且多與今桃園市泰雅族聯合反抗官府。

第一次光緒十二年正月至二月（1886 年 2 月至 3 月），巡撫劉銘傳命令記名總兵劉朝祐、滬尾水師守備張廣居，率領五營兵馬開赴大嵙崁相機援剿。二月三日（1886 年 3 月 8 日）劉銘傳親往督戰，六日（3 月 10 日）竹頭角社（桃園市復興區長興里卡拉部落）、猫裏翁社（新竹縣關西鎮）請降。

照片 4-15
內洞國家森林遊樂區的信賢瀑布，分成上、下二段，從下段往上看，景觀臺剛好介於兩者之間，人也變得渺小，的確是「山中大瀑布」。只是 1897 年宮之原藤八指稱的遷來社，若是內枋山社，就是今天印象中的信賢部落，但它的位置不在今天信賢里。因為《臺灣內山番社地輿全圖》繪出的內枋山社靠近今福山里。從信賢瀑布到福山里李茂岸，直線距離差不多也是四、五公里。

新店區廣興長福岩關於泰雅族獵人頭的傳說

今天的廣興里位於新店溪上游，百餘年前已逼近泰雅族的領域，故常遭泰雅族戰士出草馘首。當地民眾每天外出工作，必須至長福岩清水祖師面前指點吉凶。某一天有十二人要前往山中伐木燒炭，突然有一人起乩大喊，將有出草的行動。雖然眾皆議論紛紛，但這十二人還是執意前往，不料有十一人被獵首。又有一次泰雅族戰士襲擊廣興，直趨長福岩，正巧有數名孩童在廟前嬉戲，趕緊躲入廟內神桌底下。泰雅族人進入廟內搜查，只聞聲響卻遍尋不著。盛怒的泰雅族戰士砍了清水祖師神尊下顎一刀，又砍了神桌四、五刀準備離去，結果在廟門被聞訊趕來莊內壯丁堵截，遂被銃擊一死二傷倉皇逃離。泰雅族人後來告知莊民人等，他們常常計畫要偷襲廣興，但是只要山頂觀察動靜，就會看到廟旁都有黃袍兵將守衛，均不敢越雷池一步。這是筆者六個月田野調查新店、烏來、三峽，針對昔日泰雅族出草收集最生動的幾則故事（照片 4-16）。[13]

照片 4-16
廣興長福岩的正面與廟前廣場

隨後劉銘傳宣稱，從三角湧到鹽（鹹）菜甕（新竹縣關西鎮）、毗連大湖（苗栗縣大湖鎮）的生番一律招撫，而北京方面對於此次行動表示滿意，同年五月就給予有功官員敘賞。有趣的是三角湧生番受撫是哪個番社？日治時期的文獻指出為大豹社、東眼社（圖一大壩社、梭落社）。由於這是官府勢力首次深入大豹溪流域，發覺此地距離竹加山社（復興區高義里塔卡散部落）五十餘里，竹加山社距離加九岸社又有五十餘里。新駐防於此的記名提督唐仁元（?-1886）得知該處「番社甚多」，且萬山壁立毫無路徑，遂決定先行開路（照片 4-17）。唐仁元部從圖一外汗萊（復興區義盛里）出發，途經內汗萊，直達竹加山社，再延伸至簡拏鶴（復興區華陵里），最後抵達加九岸社。[14]

照片 4-17
東眼桶仔雞，東眼的地名真有禮失求諸野之感。本店位於東眼路上，直通桃 119 縣道，接上該道後往高處抵達東眼山，往低處去抵達佳志與志繼部落。整個方向就是劉銘傳在奏摺所提到，「番社甚多」的地方。

第二次光緒十三年五至九月（1887 年 6 月至 11 月），根據同年五月都司鄭有勤的稟報，當時臺灣內山發生疫癘，各番社被疫嚴重，於是生番紛紛出山獵首禳災（照片 4-18）。經過訪查才知三角湧地區有大墘社、怡磨社（圖一怡母社）、敦樂社、插角社參與作亂。而農曆五、六、七月正值酷暑，不利官軍調動入山，等到八月天氣轉涼，劉銘傳命令記名提督李定明，隨同幫辦臺北撫番開墾事物大臣林維源剿辦。同年八月二十六日（1887 年 10 月 12 日）李定明先攻褒懂社（？），再從紫微（薇）坑發兵，進逼大墘西側，抵達牛角坑（牛角尖／三峽區插角里）與泰雅族發生激戰。九月五日（10 月 20 日）大墘七社總頭目禾月舌請降，林維源與劉銘傳商議決定把他們遷下山來，原居地就由漢人入據開墾。[15] 但筆者認為此政策沒有執行，因為數年後三峽泰雅族又參與更大規模的動亂。值得注意的是，經過此役，官軍已經深入大豹溪上游，所以圖一繪製從紫薇坑出

照片 4-18
烏來泰雅民族博物館二樓展示廳仿真首棚與骷髏頭，由於以前泰雅族有獵首的習俗，深怕參訪遊客誤以為還有「吃人肉」習俗，所以旁邊的解說牌特別寫明「我們不是食人族」。

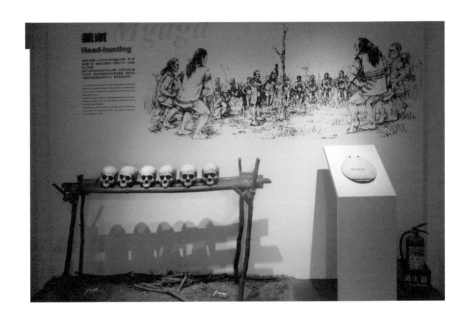

發，修築的道路途經大埧，通至枋山應該也是在事件結束後修築。[16]

至於圖一所繪林望眼通至杉胡，再通至汗萊廣二社的道路是何時開闢？光緒十五年二月（1889 年 6 月）劉銘傳的奏報提供出線索，他聲稱自大壩（埧）社剿辦後，旋令防軍開山扼隘。然而當地山區仍有樹木繞社（桃園市復興區高義里色霧鬧部落）、食納社（？）頑梗屢出劫殺。光緒十四年（1888）劉氏命令宜蘭防軍扼紮林望眼社（新北市烏來區福山里）以為聲援。這一次的軍事行動以營官劉朝帶攻入食納社收場，筆者推測可能在戰事結束後，駐防在林望眼的這支防軍立即開路，接上從外汗萊、內汗萊逶迤過來的道路。[17]

第三次光緒十七年三月至光緒十八年三月（1891.4-1892.4），這場戰爭歷時一年，現今稱為「光緒朝大嵙崁戰爭」，也是臺灣原住民歷史上第二次歷時最久的戰爭。[18]同年四月臺灣巡撫劉銘傳去職，布政使沈應奎護理印務數月，十月由邵友濂繼任巡撫。沈氏護理期間，大嵙崁、新店雙溪口、三角湧泰雅族出現「番情騷動」（照片 4-19）。原來馬速社（馬學社／新竹縣關西鎮）大舉出山獵首，總共割取 20 餘名隘勇首級。隘勇統領高楚桁彈壓失敗，槍械彈藥多被奪取，遂貼出布告凡殺馬速社番者給予重賞。不料漢人貪利，不問番人類別，不問番人良否，只要是番人就遭到殺害，再偽裝成馬速番首級領賞。此舉引發各番社大嘩，彼此互結同盟反抗，局勢遂不可收拾。

照片 4-19
1903 年 2 月「蕃通」森丑之助（1877-1926）拍攝的烏來社住屋

沈應奎原本嚴飭統帶隘勇各營總兵陳羅，督率駐防弁勇彈壓各社，但師老無功遂被撤換。同年九月三角湧泰雅族出草殺人案件越來越多，沈應奎商請撫墾大臣林維源親自前往大嵙崁督辦。[19]然而九、十月的戰鬥，官軍接仗後大敗死傷慘重。於是後援部隊企圖從大壩（垻）深入，先降伏膛眼社（東眼社、梭落社），從圖一來看就是走紫薇坑到大壩的道路。此時棟軍統領林朝棟率部支援，局勢稍微緩和。孰料十一月大壩社復叛，從大壩到枕頭山（新北市三峽區插角里至桃園市復興區三民里）盡是戰火。林朝棟無法及時趕到平亂，先由滬尾游擊楊春海應戰，可是楊氏在外加輝（復興區奎輝里）作戰身亡，官軍氣勢大衰。此後戰事呈現拉鋸戰狀態，而領導泰雅族的頭目牙畏阿甕也戰歿，各番社困頓決定出降才結束戰事。

BOX

邵友濂

邵友濂，字筱春，浙江省紹興府餘姚縣人。生於道光二十年（1840），卒於光緒二十七年（1901），清末臺灣洋務運動最後一名推手。光緒八年（1882）任江蘇蘇松太道後，適逢清法戰爭，負責籌辦臺防款項，並參與對法談判。清法戰爭後陞任河南按察使，光緒十三年（1887）擢陞臺灣布政使，光緒十七年（1891）接替劉銘傳成為第二任臺灣巡撫。連橫在《臺灣通史》中，認為邵友濂就任巡撫後，「盡廢」劉銘傳辦理的新政，好像臺灣洋務的推動，一時之間斷送在他的手裡。然而事實並非如此，因為劉銘傳任內興辦項目過多，等到邵友濂接任時，省庫早已虧空四十七萬餘兩。所以在這個劣勢下，邵友濂不得不選擇重點項目來推動，例如：鐵路鋪設、臺北機器局的擴建、基隆煤礦再次開採。其中以臺北機器局的興辦最重要。光緒二十一年（1895）美國記者禮密臣（J. W. Davidson）的一則觀察，則是割臺前臺北機器局最後的評論。他說該局員工增至 800 人，有著全新的設備，有四年製造槍械的經驗，若要應付持久戰也能提供充足的武器。並且擁有月產 300 枚 8 英吋、10 英吋、12 英吋硬鐵彈，600 枚 6 英吋、7 英吋硬鐵彈，1,000 枚野砲砲彈，以及 50 萬發步槍彈的能力。結論是比起大陸各省軍隊，臺灣軍隊的裝備很好。

值得注意的是邵友濂擔任巡撫期間，奏准的二項行政區的調整，對日後歷史發展影響極大。一是為開發大嵙崁（桃園市大溪區），光緒二十年再提出設立南雅廳的建議。此議朝廷雖已准行，但隔年適逢乙未割臺，清末南雅廳衙門終究沒有建立。不過開發臺灣北部山區森林資源的計劃，卻被日後的總督府所繼承。今桃園大溪與復興

區，以及新北烏來區，皆是日治初期理蕃政策中最早執行的地區。
二是光緒二十年（1894 在邵友濂的奏請下，朝廷准許把臺灣省省
會從臺灣府（臺中市）遷移至臺北府。日治時期臺灣總督府也理所
當然被置於臺北，甚至於到了戰後，不管是省政府，或是國府遷臺
後的「首都」，也都設立於臺北。這使得臺灣行政重心北移的態勢
確立，直到今天都是如此（照片 4-20）。[20]

照片 4-20
欽差行臺，此為清末臺灣巡
撫邵友濂興建的衙門。原建
築座落於今臺北市中山堂位
置，日治時期拆遷欽差行臺
至植物園，舊址才興建臺北
公會堂（今天的中山堂），
此行臺為臺灣僅存清代衙門
建築。

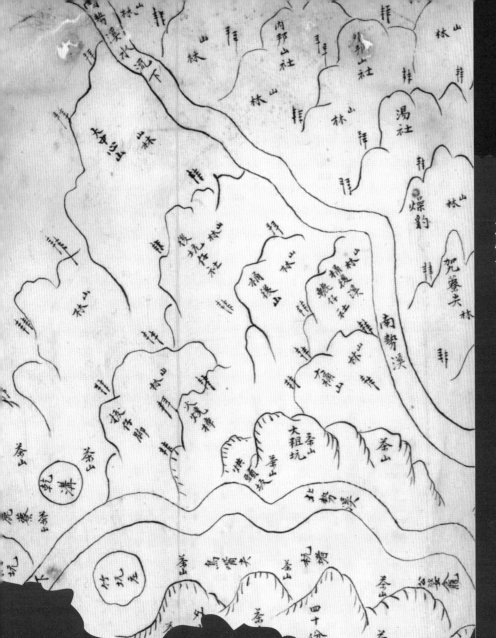

劉銘傳擔任臺灣巡撫前二年，對於「開山撫番」政策的看法，足以說明他所擬訂政策發展方向。有云臺番各社所佔膏腴之地，高山宜茶、平地宜穀，一旦教之耕種皆成富區。從前撫番（建省以前），虛糜鉅款，皆是舉辦未能認真所致。[1] 或云臺灣生番橫亙南北七百餘里，盡佔腹心之地，歲殺居民千餘人之多。綜覽全臺形勢，有如人之一身，生番橫亙胸腹，四肢血脈不通，呼吸不靈，百病叢生。故臺灣一島孤懸，內患不除，何以禦外？[2] 由此可知，建省後的開山撫番，在劉氏的主持下「除內患」就是政策的最高指導原則。而本文研究的光緒十四年（1888）《臺灣內山番社地輿全圖》，即是劉銘傳重啟開山撫番政策的代表作。因此在考證地圖的過程中，本文發現百餘年前的今新北市新店、烏來、三峽山區，有著重要的歷史發展卻鮮為人知。

首先對於內外馬來大八社的考證，馬來之典故在於清末有一位勇猛馳名的頭目「馬來巴卡」，以其名稱族，或曰八社總頭目。所謂的八社，依序為（1）後坑仔社，位於今石碇區格頭里。（2）夾精社，或稱加九寮社，烏來山之中，屬烏來區忠治里。（3）大舌社，或稱桶壁社，大桶山與烏來山交界，屬烏來區忠治里。（4）納仔社，雙溪口進入烏來第一個泰雅聚落，馬來巴卡可能居於此社，屬烏來區忠治里。（5）湯裡社，也稱烏來社，可能在今妙心寺，屬烏來區烏來里。（6）外枋山社，或稱西羅岸社，烏來區烏來里。（7）內枋山社，也稱蚋哮社，位於林望眼，屬烏來區福山里。（8）林望眼社，但卻不在林望眼，《臺灣內山番社地輿全圖》所繪位置在茶墾社，烏來區福山里。

筆者又根據《淡水廳志》內容，考證大悅仔社疑為納仔社，小悅仔八仙社疑為烏來社，青坑假已就是茶墾社。果真如此這三社早在咸豐、同治時期（1851-1874），新店地區的漢人對他們已有相當認識，可能是來到新店（新店里）進行漢番交易，也可能下山出草獵首。當然，漢人對他們也有所防範，故設隘防番是配合開墾先決條件。筆者也找到短短 11 年間（1818-1829），屈尺成莊的契約文書，此後該地成為漢人入墾南勢溪流域的橋頭堡。不過臺灣未建省前，漢人應該還未敢深入烏來伐樟焗腦、開墾曠土。光緒四年（1878）《全臺前後山輿圖》所繪出的新墾地，指涉地點為今平廣溪流域（新店區廣興里）似乎是一例證。光緒十一年（1885）臺灣建省，新店、烏來「腦務大興」，腦灶多達三、四百個，每月焗腦六、

七萬斤，佔當時全臺製成樟腦的十分之一，儼然成為北臺灣腦羹重鎮。其伐樟地點遠溯南勢溪上游、海拔約 1000 公尺的林望眼社（茶墾），成為今新北市在清代開山撫番政策的最前線。

其次對於大埔七社的考證，大埔之典故為大壩，壩是可以灌溉蓄水的人工建築。然而現今大埔寫成「大豹」，實為日治初期的改變。緣由可能是今大豹溪大義橋附近，有一塊巨石狀似豹頭，遠看神似豹在河邊飲水，故名大豹。所謂的七社，依序為（1）宜亨社，位於今三峽區五寮里。（2）插角社，位於今三峽區插角里。（3）白石腳社，位於內金敏山，屬三峽區金圳里。（4）金阿敏社，位於金平山主峰，屬三峽區五寮里。（5）大埔社，也稱大豹社，位於今三峽區插角里。（6）敦樂社，位於今三峽區插角里。（7）梭落社，之後遷徙改稱東眼社，位於今三峽區插角里。

不過三峽泰雅族的番社沒有如此少，清末三角湧撫墾局曾統轄十一個番社。對照上述的七社，還另有四社，竟然也可以在《臺灣內山番社地輿全圖》找到，他們都是先前學術界較不熟悉的聚落。因為這四社，除了怡母社之外，都分布在一個被稱為「杉胡」的地方。根據筆者的考證，杉胡應該是今三峽區「滿月圓國家森林遊樂區」整片範圍。他們依序為（1）怡母社，位於今三峽區插角里。（2）望則社，或稱老畦社、蚋仔社、伊仔社，位於今三峽區有木里。（3）大埔新拐社，或稱馮來帶木社、雙溪社、九歪社，位於今三峽區有木里。（4）花草藍社，或稱有老社、有木社、桅仔社，位於今三峽區有木里。

今新北市三峽區在清末臺灣未建省前，實為北部伐樟焗腦的大本營，但是建省以後樟腦製成數量，卻被新店與烏來一舉超越。不過日治時期對於三角湧撫墾局的調查資料保留不少，特別在今桃園市復興區三民里與澤仁里的開發，歸併該局負責。光緒十五年（1889）漢人大舉開墾紫薇坑、大寮地，但光緒十八年（1892）已經拋荒，越三年日人領台此地已變成泰雅族獵場。由此可知三峽泰雅族的強悍，讓建省以後開山撫番政策在當地執行不順。

其三對於越嶺道路的考證，這也是《臺灣內山番社地輿全圖》做為清末史料最珍貴之處。今新北市烏來區與三峽區在劉銘傳主政下，總共開鑿出八條道路彼此互通，或者通往宜蘭、桃園。

第一條，光緒十一年十月（1885 年 11 月）開鑿從新店到屈尺，再到雙溪口的道路。這一條道路直到雙溪口為止，沿途沒有穿越新店溪，也不需坐船擺渡，路徑很可能與今天的新烏路高度重疊。

第二條，也是光緒十一年十月開鑿從雙溪口到小蓼的道路。這一條路從

雙溪口出發，渡過北勢溪直上大桶山，路徑從今天的桂山路入山，然後穿越大桶山、烏來山直趨小蒙。

第三條，也是光緒十一年十月開鑿從小蒙到內枋山社的道路。這一條路在小蒙渡過南勢溪，很可能接上今加九寮步道，但沒有沿著溪岸走，反而直趨山上，接上今天加九寮—美鹿山步道，抵達內枋山社。以上三條都是劉銘傳招撫八社總頭目馬來巴卡後，最具體開山撫番的成果。

第四條，光緒十三年二月（1887年3月）從烏來林望眼，途經草埤、雙連埤，通至宜蘭內粗坑（宜蘭縣大同鄉茂安村唐穗山）的道路。這條道路現今稱為哈盆越嶺道。日治初期伊能嘉矩調查顯示，該路實際上是從宜蘭往烏來方向開鑿，先由副將陳得勝督工，再由另一副將陳羅接替。過程中受到「溪頭番」（宜蘭縣大同鄉泰雅族）出擾，費盡辛苦之後才完成。

第五條，光緒十三年底（1887）從三峽紫薇坑，途經大埧，通往烏來枋山，最後到林望眼的道路。這條道路是官軍先接受大埧七社總頭目夭月舌請降，然後記名提督李定明率部開鑿。該路的中段，介於三峽與烏來的部分，本為泰雅族的古道，今日稱為「紅河谷—熊空越嶺道」。戰後口述歷史訪查烏來區信賢里泰雅族，指出清代蚋哮社也有一條古道通往拔刀爾山，而翻過山頭就是熊空，目的是要獵首來往「紅河谷—熊空越嶺道」的兵民。

第六條，光緒十四年（1888）開鑿從烏來林望眼，途經杉胡、汙萊廣二社，接上來自內汙萊的道路。這條道路很可能是宜蘭防軍所開，原本劉銘傳命令該部駐紮林望眼，用來聲援進攻雪霧鬧（桃園市復興區高義里色霧鬧部落）的行動。戰役結束後，該部立即開路通往今桃園山區。路徑在今烏來境內，可能是溯著馬岸溪走至多崖山或北插天山，接上現今東滿步道前往小烏來。值得注意的是該路除了在《臺灣內山番社地輿全圖》繪出外，僅出現在1896年臺灣總督府民政局殖產部臺灣產業調查表的附圖。

第七條，任何史料都沒有記載，只有《臺灣內山番社地輿全圖》繪出的道路，本文命名為「石角輋越嶺道」。石角輋地名不可考，疑為大同鄉崙埤村拳頭母山。該路從林望眼出發，路徑是今天福巴越嶺道一小段，然後在福巴道往茶墾山的岔路分出，直趨模故山與拉拉山的山坳，途經石角輋，再抵達射獵，最後與哈盆越嶺道相接。

第八條，從三峽紫薇坑，途經杏溪，通往三角湧街。這一條路以今天而言其實是繞遠路，不過仔細想想也符合百餘年前三峽的現狀。因為它會經過一個重要聚落——劉厝莊，雖然地圖沒有繪出。這一條路走的方向

是從紫薇坑出發，先走到橫溪南北隘，穿越橫溪後走一小段路（溪北里），再穿越三峽河，途經劉厝庄，最後抵達三角湧（老街）。

其四對於以往「開山撫番」視為劉銘傳豐功偉業的批判。不可否認使用武力為後盾，藉此攻擊原住民做為開發山林的手段，本身就有血腥與闇黑的一面。清末外國人也留下不少記錄，特別的是日治初期總督府的訪查，三峽泰雅族還表示未建省之前，漢番往來還比較平和，雙方以物易物、各取所需。不料撫墾局設立，掠奪性的政策與「兵民勾結」欺壓原住民，讓當地泰雅族飽受傷害。於是以武力回敬官府、兵民成為原住民唯一的選擇。

當然，做為考證研究的文章，《臺灣內山番社地輿全圖》在今新北山區的部分，仍有疑問。例如：烏來林望眼附近的「義興」與「義興社」，前所未聞。筆者考證出很可能是塔拉南社。但它的地理位置與今天大羅蘭溪的塔拉南部落相去甚遠，或許也說明塔拉南社有遷徙的過程。另外有可能畫錯的地方，事後被筆者證明沒有畫錯，這裡指的是今烏來區忠治里的小寮。現今小寮的地名是在南勢溪的西側，可是從烏來林業生活館的地圖來看，南勢溪東岸也有小寮地名，證實了輿圖並沒有畫錯。然而輿圖也有畫錯的地方，這裡指的是在三峽區的插角，地圖把它繪於大豹溪的右側（南方），事實上今天的插角是在地圖的左側（北方）。另外從夾精社、大舌社、望則社的命名來看，繪圖者雖有可能是全臺撫墾總局的官員，但從番社「發音」判斷，應非擅長閩南語方言者，極有可能是跟著劉銘傳來臺的「淮系」鄉親。

最後對於清末開山撫番的研究，還可以從更多面象進行探討。本文對於新北市在百餘年前的這段歷史，始終放在伐樟焗腦為主。然而光緒十七年（1891）臺南知府唐贊袞曾指出內山生番歸化，墾民爭墾荒地，其利倍於樟腦。可見開墾荒地比起伐樟焗腦更需要討論。[3] 這或許是筆者下一本書的責任與使命吧！

田野調查手記

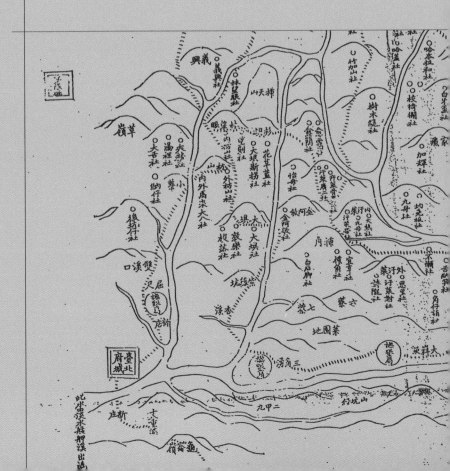

NOTE

新北市新店區走訪與攝影

下篇　第一章

（一）2019 年 4 月 12 日星期五前往新店區故事巷新店文史館、十二張咸亨宮、獅頭山（小獅山）

我對新店的印象，在世界新聞專科學校念書的時候，只是覺得景美溪對面的一排房子。之後在政治大學歷史所碩士班就讀，也只是覺得緊鄰臺北市的一個北縣行政區而已。真正在課堂上聆聽老師講授新店開發史的議題，則是在臺灣師範大學歷史所博士班時期。當時我的指導教授溫振華老師正進行新店田野調查，不時討論到凱達格蘭族番業戶君孝的契約文書。然對我而言，此時我正忙著解讀北京帶回來的文獻，還沒能實地去新店考察。直到今天為了這本書，才開始五個月密集而深入的田調之旅。

我從網路上得知新店有一座文史館，位於馬公友誼公園之內。未出發前不知「馬公」之名由來，以為與「蔣公」典故如出一轍，都是用歷史人物來命名。之後才恍然大悟，原來是 1997 年澎湖縣馬公市贈與「貓公石」給臺北縣新店市，雙方為紀念友誼永存故興建公園彰顯。最值得一提的是園內的新店文史館，整體建築線條簡潔，室內陳設具體而微。走進館內映入眼簾即是 2018 年「大坪林放軍遶境」特展，這是新北市文史學會承辦的活動，其中新店文史專家夏聖禮先生功不可沒。當時參與協辦的單位有泰山巖顯應祖師廟、十二張咸亨宮、十四張斯馨祠、寶橋福壽宮、開山福德宮、文山聖母宮、蕭府王爺廟、二十張福德宮、董公廟。展出的文物除了遶境的神轎、輦轎、傘蓋外，我認為最重要的是歷史脈絡的講解。根據該學會口述訪談得知，放軍遶境最早可能出現在日治昭和年間，之後固定在農曆 3 月 23 日舉行。我記得去年的報紙有相關報導，但沒有太多注意。今天到訪後，我便參加 4 月 27 日放軍遶境，也算是一大收穫。

離館後旋前往十四張咸亨宮，從 Google 地圖上看兩者位置相去不遠（照片 1-1）。如果對於中正路與北新路十分熟悉的居民來說，這段路途很快會走到。但平常去新店中正路都是吃館子居多，從來沒有注意到當地有這麼重要的土地公廟。它的重要性除了香火鼎盛，還有古老的歷史與碑記，而最具特色是「水蛙穴」湧泉與百年九芎樹。附帶一提的是上述參與放軍遶境土地公廟我都親自訪查過，且發現一個重要特色為大部分皆奉祀

照片 1-1
新店區十二張咸亨宮,位於車水馬龍的自由街、中正路、三民路口,香火鼎盛又富有歷史與風水傳奇,適合做為鄉土教材。

土地婆。這與新北市新莊、三重、蘆洲、泰山、樹林區的土地公廟不同(新莊路的福德宮較常見奉祀土地婆)。我在輔仁大學進修部歷史系任教 12 年,所開必修課程史學方法就是要求學生前往土地公廟訪查。迄今有 80 座土地公廟的教學成果,可以區別出新店土地公廟的祭祀神明與這五個地區相異。

結束後我從檳榔路走往獅頭山,這個行程是我在捷運新店區公所站看到地圖新增上去。當時我沒有意識到這座獅頭山,就是書中提到頗負盛名的小獅山(照片 1-2)。只是覺得從中興路登山口上山坡度很陡、沿途寂寥。也或許是前一天才下過雨,少無人跡的登山步道更顯清幽。好在整個下午都是天晴,我拾階而上走到最重要的三個山峰,從制高點往下看,捷運小碧潭站到北二高碧潭橋的景色一覽無遺。我一路走到能仁家商登山口,再從文山國中走到捷運新店站返途。

照片 1-2
新店區中興里獅頭山又名小獅山,現為當地居民爬山踏青之處。很難以想像十八世紀末重定的番界,竟以這海拔不高的丘陵做為分界。可以視為清代新店開發史最重要的歷史遺跡之一。

（二）2019年4月13日星期六前往新店區二十張福德宮、十四張斯馨祠、瑠公圳圳道舊址

要是沒有此次田野調查，我現在對於新店的熟悉，只能是我岳父岳母家，以及附近的家樂福大賣場。這真是一個臺北市民的心態看待新店，頂多就是在當地消費購買家用品而已。沒想到開車的沿途，近在咫尺的地方即是新店開發史遺跡。二十張福德宮在復興路的巷子裡，該路通往秀朗橋，平常經過沒有認為有何不同，直到來到此地才驚覺重要。二十張福德宮在臺灣民間信仰的特色，還不是只有土地公廟與開發史的關聯，而是旁邊還供奉「聖靈公」。根據新店文史館「大坪林放軍遶境」特展敘述，聖靈公是一位日本軍醫青木少佐。日本戰敗後在臺日人皆要遣返，青木一家亦不列外。不料1946年的大年初一，四名歹徒潛入家中殺害青木少佐。未幾地方百姓興建「尚義堂」，以「義愍公」之名祭拜青木少佐，不過也有地方人士俗稱「日本公」。1970年萬新鐵路拆除時，尚義堂也被拆毀，之後輾轉遷移改稱聖靈公。現在臺灣社會供奉日治時期日本軍人的祠廟，最有名的是臺南市安南區鎮安堂飛虎將軍廟與屏東市潭墘鎮安宮。二者都是太平洋戰爭時期陣亡的飛行員，死後被善心人士建廟祭祀。沒想到新店的聖靈公也是類似的案例，而神桌上亦供奉女子神像一尊，是否也代表當時青木夫人也不幸亡於歹徒之手（照片1-3）？

隨後我前往十四張斯馨祠。由於之前拜讀夏聖禮先生所著《店仔腳頂的歲月》，對於斯馨祠與整個十四張開發史有初步了解。斯馨祠是全新店最古老的土地公廟，祠中典藏一塊乾隆四十四年（1779）斯馨碑（捐題碑），應該是新店最古老的石碑。由於本文已經提到清代十四張與新莊有水運上的來往，不禁讓我遙想全新莊最古老的土地公廟——乾隆十一年（1746）文德里新莊福德祠，二地人們往來看到土地公廟虔誠膜拜的

照片 1-3
新店區二十張福德宮，侷限在復興路巷子當中，有時人車經過不太引起注意。但是以筆者在輔仁大學進修部歷史系開設史學方法課程，並要求學生們訪查新北市新莊、三重、蘆洲、泰山、樹林區土地公廟的經驗來看，福德宮旁挨著有應公廟的個案很少。甚至於本計劃案，筆者親自田野調查新北市新店、烏來、三峽區土地公廟，其旁挨著有應公廟個案更少。因此本福德宮與聖靈公祠是新店民間信仰的特殊個案。

照片 1-4
新店區歷史最悠久的土地公
廟——斯馨祠,因重劃區土
地開發案暫時搬遷到現址。
斯馨祠的上方是即將要通車
的捷運環狀線高架橋體。廟
方計畫十四張歷史公園工程
完畢,即要遷入公園內重新
建造規模宏偉的斯馨祠。

景象。但是今天很難想像新店區熙來攘往的民權路,直走到民生路竟是
反差極大的田園景象。我算是後知後覺的田野調查者,當我來到這裡時
整個十四張已面目全非。此處已設立捷運十四張站不說,整個廣大的區
塊幾乎被夷成平地,以重劃區的名義重新開發。話雖如此,我想我自己
也留下新店歷史些許的影像記錄。因為捷運環狀線將在今年年底通車,
屆時捷運帶動房地產上揚,十四張一帶想必又有一番新的造鎮(照片 1-4)。

有意思的是在新店區中心進行田野調查,最感到便利的是四通八達的公
車路線,以及一條通的捷運。十四張訪查結束時仰望天空積雲大增,我
匆忙搭乘公車前往中正路、博愛街口,找尋瑠公圳昔日的圳道。現在新
店道路的街角,偶爾會有驚奇的發現,多半與歷史有關,像是新店生活
綠廊(小公園)。小巷旁放置一面導覽圖,就清楚標明瑠公圳圳道遺跡。
只可惜我找到中華路 83 巷小橋——一座重要的圳溝橋,天公不作美開始
下起大雨。只能草草結束今天的行程。

(三)2019 年 4 月 14 日星期日前往新店區碧潭橋、瑠公圳抽水口與圳道、捷運小碧潭站

自從北二高興建之後,南下至新北、桃園就多出一條通道,我若自行開
車很少會再走平面道路。回想上次來碧潭已是六年前的事,當時我與內
人騎單車從臺北市公館水源地至此。今天我想趁這機會,用徒步的方式
往返碧潭橋兩端,欣賞新店溪上下河段的景色。由於下了一個晚上的雨,
溪水相當豐沛,陽光露臉後照出大橋與高樓的倒影非常漂亮。然而也覺
得可惜,因為大廈過於密集,都把獅頭山(小獅山)遮掩住,無法欣賞
三座山峰雄峙於溪畔的氣勢。不過我此行還有一個目的,就是想沿途尋

照片 1-5
筆者在新店區碧潭橋，遠眺
前方也是橫跨新店溪的北二
高碧潭大橋，正巧是中午
12 點左右，碧潭大橋與旁
邊建築映在新店溪的倒影非
常漂亮。

找公車站牌，看看有無前往安坑地區的班次。結果在一個「溪頭」站的
地方，發現總共有 16 路公車路線通往，頓時安心不少（照片 1-5）。

從溪頭返回碧潭，旋往河濱停車場走去，馬上看到一大幅瑠公圳圳頭公
園飲水思源馬賽克圖。這不就是我一直要找的對象！我沿著台階走上去，
看到一個頗大的漏斗狀建築，斗下的口門就是 1970 年興建的瑠公圳馬
達抽水口。此口為因應 1960 年代新店溪水位下降，原本的取水口「取
不到水」而設。再仔細一看，斗下還有一小棟玻璃建築，名為瑠公圳圳
頭展示館。遺憾的是這座展示館已經很久沒有清理，經年累月的積垢很
多，雨後的積水與青苔更多。我拍攝完照片後，往上走至旁邊的瑠公新
店綜合紀念大樓，再轉往更旁邊的萬善同歸堂。乾隆五年（1740）郭錫瑠
（1705-1765）鳩資開鑿瑠公圳，當時在碧潭開鑿取水口與引道，除工程艱
辛外又飽受泰雅族攻擊。於是地方人士興建萬善同歸堂祭祀被馘首，或
者病故，或者工作中意外身亡的人員。事實上被奉祀於此的骨骸，才是
開鑿水圳的無名英雄。我在附近的便利商店買了些餅乾，供奉祭拜後離
去前往圳道（照片 1-6）。

2007 年 6 月新店市公所規劃瑠公圳圳頭及圳道空間再造計畫，迄今已有
12 年，整體維護尚可。瑠公新店綜合紀念大樓警衛室正前方就是親水步
道，也是好奇心的驅使，也是田野調查需做的工作，我決定從起點繼續
往水圳下游走，看看有什麼發現？我認為環河路南北段近一百公尺的圳
道維護的最好，有曲徑通幽、草木扶疏的美感，當地的房地產廣告還以
此做為賣點。可是漸往區中心走，就要看地方維持了。大致上從力行路
11 巷與力行橋之後，瑠公圳圳道越來越像髒臭的排水溝。不過中華路 83
巷的圳溝橋卻有一段活歷史，原來這裡是瑠公圳與大坪林圳的交會口。
前述提到的瑠公圳部分圳道已經古蹟活化，可是與新店開發史最有關係

照片 1-6
瑠公新店綜合紀念大樓附近的萬善同歸堂，見證 250年前漢人與原住民為爭奪地盤，所造成流血代價的遺跡。

的大坪林圳，絕大部分的圳道都已變成下水道。我在這裡拍了許多照片，繼續再往下走，直到北新路、民族路口的圳道才結束。由於我是集郵愛好者，剛好趁著這次田野調查，蒐集捷運各站的紀念章。於是再從七張捷運站搭乘支線前往小碧潭站，親自看看從獅頭山（小獅山）眺望的捷運站體，到底是什麼樣的建築格局，最後才返回住處。

（四）2019 年 4 月 17 日星期三前往臺北市文山區北新橋、景美橋、鯉魚山、新北市新店區寶橋福壽宮、七張福德宮、秀朗橋、中和區尖山、新店區挖子橋

新店開發史最重要的大坪林五莊——二十張、十四張、十二張、七張、寶斗厝，每一個莊頭都有清代興建的土地公廟。田調至此只剩後二者還未造訪，因此趁著今天艷陽高照，趕緊完成後續的工作。此行可說是橋梁之旅，因為我打算沿著景美溪、新店溪河段徒步，需要橫跨河流左右就必須走上橋梁。就讀世界新專三專部時，那時的景美橋外型醜陋，灰色的水泥橋只有一側是人車分道，另一側沒有，走起來相當危險。現今可不一樣，「彩虹橋」的外型相當討喜，最重要的是景美國小靠近橋頭處，豎立一座明治四十二年（1909）開道碑，其歷史與瑠公圳有關才是我的目的。

拍完照之後前行至埤腹，這個老地名在師大博士班時期，不只一次聽溫振華老師討論過。他說埤腹是景美溪水流經此地，轉彎處形成一個半圓像是人的肚子，其間又有水利設施故名。水利設施就是雍正二年（1724）開鑿的霧裡薛圳，此處三面環水，水圳引入景美溪灌溉，立馬形成良田。三十年前還是三專生的時候，當時貫穿埤腹的和興路還有清代留下的古

照片 1-7
從秀朗橋看新店溪下游的水面呈現青碧色狀，這不是河川汙染，反而是水質清澈在烈日照射下呈現的景緻。溪的右岸是新北市新店區，溪的左岸是新北市中和區。

墓，然現在都已搬遷。2002 年我擔任溫老師的研究助理，任務就是調查景美、木柵的土地公廟座落與數量。我來到埤腹的制高點——鯉魚山，訪查清代存留下來的鯉魚山土地公廟——文山內湖水尾福德宮，採集到有趣的風水寶地傳說，以及碑記撰述乾隆五十九年（1794）司法訴訟案。17 年後舊地重遊，景色沒有太多變化。

再走至寶橋福壽宮，顧名思義本宮就是在寶橋旁邊，而寶橋就是橫跨新店寶斗厝到臺北市文山區。寶斗厝的典故一說景美溪灣流至此形成「元寶狀」，今天從地圖上看還是有那麼一點相似。福壽宮為二層樓建築，並擁有一座高大的戲台，應為新店區最大的土地公廟。而七張福德宮在北新國小旁邊的巷弄，一樓為張北、新安、五峰、忠誠里集會所（也是祭祀圈），二樓才是福德宮。之後我從北新橋景美溪段，沿著堤防走至秀朗橋（照片 1-7）。我從橋上遠眺尖山，雖然可以看到矗立的山頭，但很可惜的是山勢已被捷運環狀線與高壓電塔「環抱」。恰巧此時有一列正在試車的捷運列車駛來，我對準它留下一個鏡頭（照片 1-8）。尖山，平常我回中和枋寮街，行至景平路時，頂多在等紅燈時瞧它幾眼。現在為了拍照，決定走「人煙稀少」的新北環快永和安康段一探究竟。走著走著來到凱達格蘭族挖子社的故地，拍照的挖子橋正是五重溪匯入新店溪之處。此時的我已被烈日曬到頭暈，只能搭乘公車走新北環河快速道路奔回臺北。

照片 1-8
在秀朗橋看到捷運環狀線試
行的電車與尖山（草鞋山）

（五）2019年5月10日星期五前往新店區內五張之安坑日興宮、潤濟宮、五重溪上游、三城、二城、頭城、大茅埔、薏仁坑

今天一大早天氣頗為陰沉，多雲的天氣很怕田調中途下雨；但不管如何還是出門，前往我最不熟悉的安坑地區。我印象中安坑從來沒去過，感覺上離臺北市區很遠，而且交通極不方便。但是這種刻板印象是錯誤，因為 643 路公車就是一路通達。在還未進行本研究之前，我也不知新店有內、外五張的地方，然經過入深入的訪查，文章所提各處全已踏至。安坑日興宮是今日的第一站，我打算在此下車後往回走，因為公車路線所經各站，很多都是老地名，例如嘉慶年間創立的日興宮就是在三城。

再者，整條安康路還有許多土地公廟，且大多興建於清代。我從日興宮徒步至建業路、安康路口，看到建業福德宮以為是現代社區居民新設；細讀碑文後才知道是嘉慶七年（1802）所建，其歷史與日興宮比較不遑多讓（照片 1-9）。潤濟宮，嘉慶九年（1804）建於二城，主祀三官大帝。本宮斜對面就是二城雙福宮，碑刻沒有提及建廟時間，但我推測應該也是建於清代。雙福宮有趣之處是土地公座向非面對安康路，而是正對著五重溪。風水觀念水流即是財富，因此鄉里會興建土地公廟把守水口，象徵把財富攔在自己的莊頭，看來也應驗在本宮的信仰。現在我來到二、三城，已經處於五重溪的上游，此景與下游挖子橋完全不一樣，河岸兩旁蔓生大片水生植物感覺很「原始」。不一會兒又走到頭城。頭城福興宮很顯眼地在安康路旁，本宮也是背對著安康路的土地公廟，但是土地公神尊沒有面對五重溪，反而正對一大片竹林。

再往前走至大茅埔，這裡在清代還是屬於內五張，我遠遠就看到一座偌

照片 1-9
建業福德宮外觀平凡無奇，
建廟歷史可以遠溯嘉慶七年
（1802）。

大的土地公廟，牆體寫著大茅埔福德正神濟安宮（照片 1-10）。走近時看到濟安宮台階旁有一座清代古墓，墓碑鐫刻年號為道光乙未（道光十五年／1835），這也是此地開發史的重要記錄。事實上我越走越接近安康的中心區域 —— 公崙里，五重溪的這個河段有一整修工程，即是靠近安豐橋與立青市場的河岸修築了親水景觀步道。而再往前一百公尺處就是安坑橋，過橋就到了薏仁坑。此時天空下起細雨，這與我出門猜想的一樣，遂結束今天的行程打道回府。

照片 1-10
大茅埔，此地名屬於內五莊
範圍，但不列入五個聚落之
一。

（六）2019年5月12日星期日前往新店區內五張之車子路、五重溪步道、外五張之公崙里、安坑國小、下城、頂城、大湖底、大坪頂、太平宮

一大早就是烈日當空，對於田野調查來說一則以喜，一則以憂。喜的是沿途可以造訪很多地方，所拍攝的照片效果也會很好；憂的是在強光曝曬下，很容易中暑體力耗盡。還好安坑地區已經發展的很具規模，頗多的便利商店是歇息的好地方。我在公車站看到839路公車途經安坑站名有安康車子路、車子路口、車子路，一時迷惑不知為何如此複雜，一探究竟後才恍然大悟，其實是車子路上的三處站牌。這條車子路與安一路口，正在大興土木鋪設安坑輕軌運輸系統，預計2021年8月完工，屆時少有人煙處應該會有新的景象。我造訪百年歷史的土地公廟 —— 車子路福安宮，拍完照後往公崙里走去。

從車子路一路直行過安康路，會看到德安里五重溪步道。這條步道僅500公尺，且位於偏僻處，利用度似不高。我的目的地是安康森林公園與安坑國小，因為二地都是在丘陵地上，這給了我一個思考，乾隆四十九年（1784）橫崙腳隘可能就是在這附近（照片1-11）。關鍵是公崙里出自公館崙地名，公館崙就是區分外五張與內五張的界線。當時內五張還被繪於土牛紫線裡面，屬於泰雅族領域不得開發；故防禦外五張的隘寮，應該建於公館崙的制高點。我在安康路二段往返尋覓後，遂沿著公車站牌前進至安康路一段。下城咸福宮是在安康路的巷子，位置不太容易讓人發現。可是臺灣的宮廟有一個習慣，會在附近道路結立燈籠，此舉又很容易引起注意。我就是這樣找到咸福宮。

今天的田野調查，透過公車路線與各站名稱，皆不難找到老地名位置，惟有外五張大湖底不在安康路上。我查閱地圖之後發現大湖底，可以從

照片 1-11
位於丘陵緩坡的安坑國民小學，正校門口的校舍宏偉壯觀。

安康路轉至莒光路通達。不料甫走進莒光路，馬上看到一個戒備森嚴的
營區，再走入莒光路底又看到法務部矯正署新店戒治所。即便已經正午，
但四週環境肅殺之氣，讓我感到很不尋常。我找到大湖口土地公廟，匆
匆拍完照片後即離開。回家細查資料發現新店戒治所的前身就是安坑軍
人監獄（國防部新店監獄），白色恐怖時期這裡關著許多政治犯（照片
1-12）。他們若是被判處死刑，就會帶往附近的安坑刑場槍決。著名人物
有臺灣獨立烈士陳智雄（1916-1963）、鄒族菁英湯守仁（1924-1954）與高
一生（1908-1954）、泰雅族菁英樂信‧瓦旦（1899-1954）。當然現在臺灣
已是民主社會，一甲子前的苦雨不在。不過當今的安坑還是有許多「神
秘」單位，像是上文提到的營區就是軍事情報機構——清風園，另外專
門印製鈔票的中央印製廠，以及早已廢棄，但改為國家人權博物館不義
遺址的調查局安康接待室（雙城路 12 號）。

之後我轉往大坪頂土地公廟——平福宮，並從旁的秀山路走上外五張最
重要的廟宇——嘉慶十二年（1807）興建的太平宮。本廟是開漳聖王廟，
當我來到此地時，不禁想起我的故鄉中和，擁有更古老的開漳聖王廟
——乾隆二十二年（1757）興建的廣濟宮。無論如何，今天的田野調查是
二個月以來，收穫最大的一次。

（七）2019 年 5 月 13 日星期一前往三峽區德安橋、小暗坑、日月洞、新店區五城、四城、石頭厝土地公廟、柴埕土地公廟、公館崙土地公廟

安坑最讓我印象深刻的地方，就是田野調查常遇到數量很多的墳墓。大
概從二城以後，墳墓在安康路兩旁出現的機會很多。今天要去的地方是
三峽小暗坑。同治十年（1871）刊行的《淡水廳志》，其中內容記載的「暗

坑仔隘」地點，我懷疑就是在小暗坑。因為暗坑仔隘是保護內五莊——車子路、頭城、二城、三城、四城，而四城再往南就是五城。二地緊鄰相依，若是在五城設隘，泰雅族出草獵首反應時間太短，很容易讓原住民竄入四城，甚至潛行至頭城。於是保留防禦上的「縱深」是必須，最有可能的地點，即是設隘也被稱為（小）暗坑的地方。

我搭乘 779 路公車前往三峽，印象所及也是我第一次乘坐。事前功課早已做好，我在三峽區德安橋站下車，然後走回頭路至新店區安坑。德安橋橫跨竹崙溪（鹿母潭溪）之上，橋旁有新北市農業局封溪護魚的告示。再往前看到一處工地，告示牌寫上三峽區成福段小暗坑小段，表示我找尋的地方完全正確。由於這裡人車稀少，不時可以看到重型機車呼嘯而過。不過我心裡早有準備，艷陽高照下我徒步至少五公里以上。一會兒走到 779 路公車的安坑候車亭，旁邊的鐵皮屋還寫上三峽安坑里巡守隊總部，附近的社區名為安和社區，但偶爾也會被稱為小暗坑社區。我沿著三峽安坑路前行，看到道路指示牌全用老地名，如大厝坑、竹篙厝、四粉仔、日月洞，一時覺得臺灣史的教室就是在田野，此話絲毫不假。日月洞可以說是三峽區與新店區的交界，再過去有段長至二公里的山路是沒有住人。沒有住人就表示是墳墓區的意思，所以從這到三城的路旁多是墳墓。

走入新店區，道路名稱改為安康路三段，行經忠誠橋、天山橋就來到五城。五城地名很容易辨識，因為路旁有一座中油直營的五城加油站，公車站牌也有五城。可是再往前走，四城地名不容易發現，僅有新店區四城公墓有該地名稱呼。事實上新店客運總站——錦繡就是在四城，我在這裡搭上公車前往石頭厝。石頭厝也是安坑開發老地名，但不屬於內、外五張，我僅在石頭厝福德宮照相完即離開，前往另一個目的地——柴

照片 1-13
新店區柴埕里柴埕路與福仁宮

埋路。由於安坑經過北二高施工，加上道路拓寬，使得原本的舊路都面目全非。我費了一番功夫到處詢問，終於找到柴埕路，原來就在私立及人中學大門旁邊。至此外五張所有地名全都踏查完畢。只是回程經過柴埕土地公廟——福仁宮（照片 1-13），照例取景拍照後走出柴埕路，穿越祥和路走入安光路，無意間發現重要的土地公廟——公館崙福德宮。本宮創建於道光三年（1823），現已是公崙里香火最興旺的廟宇。特別是宮門口有二株大榕樹，樹幹與樹枝結立在一起，頗似夫妻恩愛狀。我想安坑的田野調查就在這些發現中結束（照片 1-14）。

（八）2019 年 5 月 14 日星期二前往新店區新店老街、新店渡渡口、開天宮、長興宮、臺灣基督教長老教會新店教會、瑠公圳取水原址與碑記、碧潭吊橋、和美山

在進修部教書的好處，就是白天有時間進行田調調查。我的學生們大部分白天都有工作，晚上才來輔大上課。但是我也沒有閒著，趁此機會走出授課教室，再走入另一個臺灣史教室。今天的行程十年前就已走過，2009 年 8 月 5 日下著雨，我們這一群許雪姬教授的指導學生，為了幫許老師慶生而齊聚在碧潭。在聚餐前臺灣師範大學臺灣史研究所教授張素玢學姊有一安排，就是帶領我們前往剛整修完畢的瑠公圳與大坪林圳共用的取水引道——開天宮地基岩盤下的石硿。現在的石硿已經出現裂痕，為顧及安全不對外開放。好在十年前我已經拍照存檔。

今天我從捷運新店站出來，旋走上碧潭吊橋階梯，往新店渡渡口前行。此渡口建於光緒七年（1881），告示柱特別標明現為全臺灣唯一人力擺渡的渡口。事實上 1950 年代以前，新店溪除了新店渡之外，還有挖仔渡、

照片 1-15
從新店區開天宮往下看新店溪，豔陽下的溪水呈現碧綠色，難怪稱為「碧潭」。

直潭渡、小粗坑渡、灣潭渡、塗潭渡、礦窯渡、小坑渡、廣興渡，總共九個渡口。隨後上行往開天宮去，開天宮是一處制高點，從這裡往新店溪拍照毫無阻礙。此時碧綠的水面在陽光照射下，發出波光粼粼的閃爍非常美麗（照片 1-15）。開天宮，相傳本宮興建與郭錫瑠、蕭妙興有關，都是為了確保石硿開鑿過程中，工作順利與人員平安。不過清乾隆年間的老廟不存，現在看到的是開天宮是 1980 年代翻新的建築。我詢問廟方可否開放石硿讓我拍照，但是顧慮到安全最後還是謝絕。不過我提到十年前曾探訪石硿，廟方頗為驚訝但還是堅持不對外開放。

再來我前往新店老街（新店路）與新店後街，長老教會新店教會亦是舊地重遊，不過教會人員得知我在輔大教書，又得知我是暨南國際大學歷史系教授林蘭芳，以及政治大學臺灣史研究所教授鄭麗榕的學弟，特別開放閱覽室文史館讓我參觀拍照。道謝離去後轉往百年土地公廟長興宮，我一進門就感到震撼，因為室內相當陰暗，而土地公神桌左右，各擺上二對遶境用的七爺、八爺神偶。這與我輔大課堂要求學生進行新莊、三重、蘆洲、泰山、樹林區土地公廟田野調查的成果大不相同，因為這五個地方的土地公廟從未祭祀七爺、八爺。起初我以為長興宮有配祀城隍，所以廟中才會如此供奉。不料數天後我前往屈尺福德宮，一進廟門也看到一對七爺、八爺神偶放置在神桌左右，我就知道這是特別的信仰使然。

未幾走到瑠公圳取水原址與碑記拍照，這處取水口按照碑記內容所寫，應為郭錫瑠過世後其子郭元芬改築圳頭所做，它與瑠公圳「抽水口」以

堤防相隔前後。我走上碧潭吊橋，隨即想到升等著作《臺灣在民國》內容，不管是日治十二勝，還是戰後初期（1945-1949）《旅行雜誌》報導，這座吊橋總是最受觀光客喜愛。然而細看入口橋柱鐫刻字樣，清楚寫明是「碧橋」二字，看來碧潭吊橋之名應是俗稱（照片 1-16）。過橋後走上和美山登山步道，這看似海拔不高的小山，道路隨山勢起伏卻很大。費了一番功夫才到制高點，此時最大的獎勵是看到毫無遮蔽的獅頭山（小獅山）本尊，我立刻拍照獵取三個山峰的美景。下山故意走舢舨渡口方向，直接坐船回到新店渡，結束一日耗費體力的行程。

（九）2019 年 5 月 26 日星期日前往新店區灣潭路、灣潭下埔福德宮、灣潭頂埔福德宮、海會寺、灣潭百年苦楝樹、灣潭渡舊址、塗潭福德宮、思源橋、直潭淨水廠、直潭國小、貓巡坑福德宮、小粗坑發電廠、小粗坑橋、長興宮

相隔十餘天後再次進行田調，今年上半年雨水似乎多些；平常上課無法外出時都是晴天，等到要出發就變成雨天。無論如何今天一定要前往。碧潭一帶的景點我已經很清楚，所以決定從新店渡渡口，搭乘人力槳划的舢舨到灣潭。灣潭侷限在一隅，此地除了釣客尋找秘境釣魚外，少有人車往來。從 Google 地圖上看，此處的道路與平地相仿，但現場徒步才知道高低落差很大。加上又是一個大晴天，需要耗費不少體力於行走。雖然途中經過二座土地公廟與海會寺，但我的目的是在尋找昔日的灣潭渡口（照片 1-17）。當然現在的渡口早已埋沒在荒煙蔓草間，不過灣潭路草叢中棄置的二艘破船，似乎告訴我以前的位置。此時出現意想不到的事情，就是拍照的好地點亦是釣魚的好地點。故眾多釣竿擺出的「魚線陣」擋在鏡頭前面，形成破壞畫面的殺手。

離開灣潭後沿著金龍路走向塗潭。由於灣潭地勢較高，所以我在金龍路上鳥瞰新店溪與對岸的直潭淨水廠，景色一覽無遺。值得一提的是前幾天的大雨，讓新店溪水位上升，碧綠的溪面在陽光的照射下更顯美麗。我從新潭路由上往下走至塗潭，行經塗潭福德宮拍完照後走至思源橋，再往直潭的方向前進。灣潭與直潭都

有許多墳墓，這與安坑二城以後的感覺很像。不過此地與安坑最大的不同，就是路面有許多小動物遭輾斃形成的乾屍。而且大多是蟾蜍、青蛙、蜥蜴、甲蟲、老鼠與蛇。這些沿途的插曲，我只能說灣潭與直潭的環境保護做得很好。又如我在行進時，不經意看向新店溪，突然發現一隻老鷹低空盤旋，不一會兒俯衝用牠的利爪，抓住一隻魚兒後揚長而去。

抵達直潭淨水廠，來往的車子都是直潭社區居民居多，我走到小巧可愛的直潭國小，便朝著貓巡坑福德宮走去。這間土地公廟也是在制高點，由高處望下看新店溪自有一番景色。我沿著永興路走到小粗坑，遠望對面就是上午去過的灣潭，可惜的是永興路沿途有許多電線，垂掛問題嚴重也妨礙拍照的畫面。我很快走到小粗坑發電廠，這座電廠全名應是臺灣電力公司桂山發電廠粗坑分廠。它建造於 1907 年，為臺灣歷史上第二座水力發電廠，難得的是機組仍在運作。因為電廠謝絕參觀，我走出新烏路後，穿過小粗坑橋，來到百年歷史的土地公廟——長興宮。本宮建立於道光七年（1827），為粗坑里的信仰中心。事實上從安坑一路田野調查至此，我發現二地的廟宇都是在嘉慶或道光興建居多。這說明十八世紀開墾大坪林五莊完畢後，十九世紀逐漸向山區發展的事實。此時的

我已經又熱又累，搭上載滿人的 849 路公車回到臺北市區。

（十）2019 年 5 月 27 日星期一前往新店區屈尺古道之小粗坑發電廠、永興宮、永興路、文山農場、伸仗板、養源堂小補碑、慈雲禪寺、屈尺國小、屈尺岐山巖清水祖師廟、屈尺福德宮、頂石厝路、濛濛（谷）湖。

氣象報告說鋒面即將來臨，我把握早上的好天氣，趕緊出發至昨天的小粗坑發電廠，因為那裡是屈尺古道的起點（照片 1-18 與 1-19）。這一條路在新店區被稱為永興路，可能跟座落的永興宮有關。本宮創建於道光七年（1827），也具有相當的規模，現在正在新建露台。由於它的地勢比小粗坑發電廠為高，所以經過廟方同意，遂站在露台拍照，電廠的全景都被捕捉住。廟方盛情奉茶並詢問我此行的目的，我回答進行新店歷史研究；而今天的行程打算徒步屈尺古道，下週計畫從烏來沿著新烏路走到小粗坑。他們聽了嚇了一跳，告訴說全程可能有 20 公里。我笑著說若太累，可以搭乘公車，反正沿途都有公車站牌。

我道謝後出發，走在屈尺古道前半段，新店區公所沿途標示很清楚。或許是古道兩旁還有住家，因此古道維護尚可。特別是走到永興路 78 之 2 號附近，我還看到區公所發包廠商割草，藉以維持環境整潔。之後沿著古道拾階而上到新烏路，旁邊就是新北市農會文山農場的大門。不遠還有一條康雅崙路，若是往下走會抵達下石厝路通往直潭。我沒有要到直潭，我要尋找的是在路旁的養源堂小補碑。養源堂，日治時期早已興建。中央研究院地理資訊科學專題研究中心官網——文化資源地理中心系統·臺灣寺廟清楚寫明，主祀釋迦摩尼佛。雖然該堂大廳仍供奉釋迦摩尼佛，但高懸的匾額卻寫著「北極玄天真武上帝」。小補碑旁的解說牌寫著，

照片 1-18
被釘在小粗坑發電廠正門的
屈尺古道指示牌

照片 1-19
1909 年完工啟用的小粗坑發電廠，迄今仍在運轉發電，是為臺灣現存歷史最悠久的發電廠。

大正五年（1916）養源堂為改善對外交通而興建康雅崙路，出資者為大稻埕泰昌號。不過泰昌號極為謙虛，認為道路工程只是小補故名。

有意思的是小補碑旁邊沒有再豎立「屈尺古道」的指示牌，所以摸不著頭緒的我，竟然沿著新烏路尋找後半段的古道。當我走到 849 路公車之站牌——櫻花山莊，頓時發現不對，趕快又走回文山農場問路。原來古道的後半段，則是轉入另一條前往慈雲禪寺的路上。後半段的道路不像是古道，有的台階還安裝路燈，旁邊是一片菜園。古道走下來，接上的馬路是櫻花街、自強路口。這時又出現路標與小型公車站牌，我知道屈尺國小就在前方，趕緊順著自強路走去。因為我仰望天空，看到雲層增厚，覺得要下雨的樣子。好在屈尺里中心的範圍不大，屈尺國小與岐山巖清水祖師廟相隔二百餘公尺，倒是拜訪祖師廟後，我自忖要不要去濛濛（谷）湖？

我在中、小學時就聽過濛濛（谷）湖，但一直沒有去過。從祖師廟到濛濛谷路段，自行車道標示約四公里。最後我賭上一把，趁還沒下雨趕快前行。我從頂石厝路走往濛濛谷，但到底無路，最後折返回來。此時天空已經下雨，我記得下午一點半至二點要舉行「萬安 42 號」防空演習，遂快跑至屈尺站搭車趕回臺北。整個下午都是暴雨，我慶幸防空警報大作時，剛好進了家門。

（十一）2019 年 6 月 5 日星期三前往新店區寶島巷口、上龜山橋、童訓中心、龜山路、台電訓練所、龜山國小、萬年橋、蛇舌子、南勢溪、北勢溪、桂山發電廠、翡翠水庫一號橋、下龜山橋、民壯亭、雙溪口、文山清水巖、廣興橋、屈尺堰堤、燕子湖、梅花湖

照片 1-20
從下龜山橋遠眺前方的廣興橋，前方的新店溪河段稱燕子湖，河段右側的建築是雙溪口，廣興橋左側的建築是廣興。

停頓好幾天的田野調查，今天又開始進行。事實上前一、兩天我有計畫要出發，無奈遇上雨天只好取消。主因是田調範圍已經深入山區，如果按照這幾天鋒面過境，強降雨的情況來看，滯留在山區頗為危險。還好早上豔陽高照，我有直覺下午二點以前，都不會有午後雷陣雨。

849 路公車路線是今天的主軸，特別在龜山有多處站牌，可以在任何一站下車取景。不過我選擇在寶島巷口下車，然後走回廣興橋，希望把清末漢人開發新店山區的最前線做一了解（照片 1-20）。上龜山橋橫跨南勢溪，再往前就是烏來區。可是我下車後隨即回頭，走上上龜山橋並望這下面的溪水，感覺水量並不豐沛。前幾天不是才下過大雨嗎？幸好今天是上班日，來往車子很少。有趣的是駕駛遠遠看到我在照相，以為我是「告發達人」，專門拍照檢舉超速。於是大家都把行車速度放慢，此刻沿著道路行走算是安全不少。我先尋找龜山國小，該校還稱不上是偏鄉學校，但在大自然上課別具特色。之後前行到桂山路，走過萬年橋到蛇舌子。此地是北勢溪與南勢溪的匯流處，河道分岔的形狀很像蛇的舌頭故名。過橋後我直接前往桂山發電廠，雖然已經知道電廠不對外開放，但憑著經驗總可以在四周發現什麼。果然路旁的牌子寫著「桂山發電廠水輪機展示區」，我快步走去眼睛為之一亮。它們都是從花蓮縣秀林鄉龍澗電廠、臺中市和平區青山電廠、花蓮縣壽豐鄉溪口電廠拆卸下來的珍貴文物。當然另一邊是電廠冰品部，販賣有名的冰棒是不容錯過。

而今天的行程還有另一個重要目的，就是先行探詢要去大桶山與直潭山的路徑。我很幸運找到前往大桶山的小型公車——龜山線。因為從萬年橋走到大桶山登山口將近五公里，這不可能用徒步的方式到登山口再登大桶山。另一個是探詢直潭山的登山口，這件事情當我走回文山清水巖時，詢問廟方人員馬上得到解答。她說二龍山連接著直潭山，下山後從

照片 1-21
迄今仍有香火的民壯亭，奉
祀的民壯公都是在清末被泰
雅族獵首的地方百姓。百餘
年前這裡是漢人在新店溪上
游最深山的聚落之一，因此
常受到泰雅族的攻擊。現今
看到的民壯亭，下方小亭是
清末遺跡，上方是新修建
物。

花園新城出來，返家後詳查 Google 地圖發現不假。只是走到民壯亭時，我明白跟碧潭的萬善同歸堂一樣，都是供奉開發史的無名英雄（照片1-21）。但兩者不一樣的是民壯亭是十九世紀末，漢人開發雙溪口、龜山地區時，慘遭泰雅族獵首的民壯，而萬善同歸堂是十八世紀的事情。這沉悶的歷史需要美麗的風景紓解。我站在下龜山橋遠眺北勢溪與南勢溪的匯流，以及站在廣興橋望著與屈尺堰堤（粗坑壩）中隔的燕子湖，最後往下走到自強路屈尺景觀公園遠眺梅花湖，三處景點頓時讓人覺得心曠神怡。此時已是下午一點半，我被太陽狂曬五個小時，也該是結束打道回府的時候。

（十二）2019 年 6 月 9 日星期日前往新店區與烏來區的大桶山

今天這趟遠征要好好記上一筆，我已經很久沒有登山越野，沒想到這一次的田野調查讓我有自身挑戰的機會。對於大桶山之名，我還沒有進行本研究之前根本沒有聽過，但我想這是圖書館、檔案室之外難得的收穫。其實計畫要走大桶山步道已經很久，臺灣網路資訊發達，一些登山愛好者會把旅途經驗放在網站與大家分享。這對我來說是重要情報來源，可是大部分的訊息都是超過七年以上，這不免讓我擔心會不會有問題。我有如此的想法，主要是從未一個人自行登山。雖然這是一座海拔將近一千公尺的郊山，在行家的眼中可能如同走進廚房般容易，但我還是必須謹慎為宜。特別是前幾天我確定今日是多雲無雨的天氣，我才大膽地前往並體驗山中獨行的感覺。

新北市政府對於山區居民照顧周到，現在小型巴士的路線可以說繞遍新店每個角落。三天前我去桂山電廠時，已經調查好龜山線小巴的出發時

照片 1-22
已經埋沒在大桶山森林深處
的步道指標

間。今天早上 7 點 40 分我就在捷運七張站，搭上第一班班車且全程免費。路上經過青潭堰，我看到水流量很少不禁納悶，再經過下龜山橋時部分河床竟然見底，我慶幸之前趕緊來拍照，所拍攝的照片美不勝收與今早景象差距太大。車子途經桂山電廠後，準備要開五公里的路程，才能抵達登山口。沿途山勢有點高，車子裡只有我與司機，而我在「大桶山站」下車後，沒有看到其他山友，我想真是要硬著頭皮上山。

還好與網路的訊息一樣，桂山路登山口在 172 巷 223 號民宅旁邊，我在這裡打了一通手機回家，但沒有訊號只能作罷，此時是早上 8 點 30 分。所謂的步道就是看起來還有路的意思，由於這一段是沒有台階的步道，我很訝異地上爛泥巴有許多越野機車車輪壓印過的痕跡。雖然步道前後都沒有人，但是獨自一人走在柳杉林中，也是一番滋味。不一會兒我走上一塊茶園，這也是我在網路上看到的路線，正當自己覺得沒有走錯路時，我馬上發現從茶園前行就沒有路了。為何會如此？我想了一下，突然想到剛才經過一片柳杉林時，有數個登山團體在樹枝上綁下布條標記，難道是指引一條「正確」的路線？不管如何我改走這條路，之後一個小時的路程，走在有如「獸徑」般的小路。這一條路兩旁熱帶植物蓊鬱，柳杉與其他樹種間雜生長，更重要的是小路快要被雜草「淹沒」。我費了九牛二虎之力，終於登上高點 —— 一塊平地，正是道路交叉之處。我看著登山隊的布條往烏來區忠治里前進。往後一個多小時的路程，所謂的步道就是台階。但是直到出山，台階也全是被雜草掩蓋，讓人懷疑登山

步道是否荒廢（照片 1-22、1-23）。

我行走速度加快，從忠治登山口出來時間近中午 12 時。我很確定整條大
桶山步道只有我一人在走，可能是端午節連續假期最後一天，大家需要
休息才會如此。總之心理上很有成就感，但衣服與褲子像是雨淋一樣。
我慢步走下忠治部落，再走到公車站牌，搭上 849 路公車返家。

（十三）2019 年 7 月 5 日星期五前往新店區「新店七潭」中的三潭

前一天我剛從日本和歌山縣渡假回來，今天再度前往新店，把一些田野
調查「遺漏掉」的地方補齊。這裡指的是新店七潭——碧潭、灣潭、直潭、
塗潭、青潭、美潭、員潭，最後面的三個。事實上我只想找出「大崎腳」
在什麼地方？但是做完功課才知道，此地名是在北宜路上。不過臺北市
或新北市區開往大崎腳站牌的公車頗多，因為它們離終點站「中生橋頭」
僅一站距離。以前來到此處，都是為了前往國史館查資料；但現在該館
早已遷往臺北市長沙街，以為不會再來的地方竟又到訪。

我沿著北宜路二段往回走至新烏路，終於弄清楚大崎腳位於員潭里，青
潭國小位於美潭里（照片 1-24）。另外幾乎與北宜路平行的河流是青潭溪，
這條溪所經之處不但橋樑眾多，而且溪水清澈。我很驚訝在人口還算密
集的地方，環境還能維持的這麼好。當然，做為新店溪支流之一的青潭
溪，如同安坑的五重溪一樣都是僻靜之處。所以設立避人耳目的公家單
位，就是一個絕佳的選擇。例如中生路 40 號法務部調查局青溪園區，它
的前身就是白色恐怖時期警備總部的「青溪園」，亦是幹部訓練班。北
宜路二段 293 巷旁的「展抱山莊」，1965 年首任調查局局長沈之岳親自

照片 1-24
在北宜路二段 930 路、647 路、綠 5 公車「大崎腳」站牌看大崎腳,「崎」臺語是斜坡的意思,大崎腳就是大斜坡的坡尾。即使在今天仍可以看到柏油馬路是一個坡度。

命名,當時就是培養調查局幹部的搖籃,到了今日也是。中央印製廠青潭廠,它與安坑廠不同;青潭廠專印公債、郵票、身分證等,安坑廠專印鈔票。然而與本研究最有關係,還是當地百餘年歷史的土地公廟——大崎腳福神宮。從「大崎腳」三字來看,本廟就是當地的信仰中心,同時信徒也組織福德正神信眾會運作宮務。

員潭與美潭考察結束後,我轉往青潭續行。「青潭」地名真是大哉問,因為冠上青潭二字的地名分布甚廣。例如:公車站牌有新烏路的青潭站,北宜路二段的青潭站,以及北宜路一段的青潭一站。建築單位名稱也有位於美潭里的青潭國小與青潭新村,以及位於粗坑里的青潭堰。但「青潭」的確切地點應是在青潭里,也就是上述北宜路二段的公車站牌青潭站,或者不遠處新烏路上的青潭橋一帶。我從北宜路與新烏路口,沿著新烏路走至粗坑土地公廟——永興宮。永興宮,我在 5 月 27 日踏查屈尺古道已經來過。但當時本宮正在修繕,我一時大意沒有發現此處就是「粗坑」,也沒有發現號稱全國最古老的里辦公室——粗坑里辦公室,就是設在嘉慶二十四年(1819)建立的周氏古宅。當然這二大遺珠,都在今天一併補齊。

最後一提的是這段路,沿途設有二座銅像與一處碑記,皆是悼念有功之人而做。在青潭堰入口上方百公尺處,豎立有新店消防隊員李合豐「捨己救人」銅像。陸軍少校陳金龍搶修青潭堰「因公殞命」旌忠狀碑銅像。以及小粗坑發電廠旁的副工程師王君聯滅火「急功赴義」殉職碑。我想義行不能湮沒於荒煙蔓草間,故趁這次田野調查再為他們行誼彰顯一次(照片 1-25)。

（十四）2019 年 7 月 7 日星期日前往新店區塗潭里獅仔頭山

塗潭里的獅仔頭山，我以前從未聽過他的名號，現在因為要進行研究，才知道它是臺灣小百岳其中之一。此山對於新店開發史的重要性，從登山口不遠處，豎立一幅新店市公所時期繪製的木牌地圖，特別標名「獅仔頭山綠野史蹟公園」可見一般。即便是現今新店區公所重繪地圖，放在登山口的立牌也寫明「新店獅仔頭山隘勇線登山步道」，強調它與原住民歷史的重要性。然而不管是臺北縣時代被劃定為縣定古蹟，還是新北市時代因行政位階升格被改為直轄市定古蹟，整座山蘊含歷史遺產與自然薈萃之美在全臺也不多。

第一位把獅仔頭山的探遊寫成報導文學作品，應是莊華堂在《百年暗坑史話——安坑文史與土匪窟的故事》的筆觸。之後莊氏花費許多時間與功夫，全力在獅仔頭山進行田野調查，再度把心血集結成《土匪窟的故事 —— 獅仔頭山的歷史與藝文》。特別是與地方文史工作者合作，找尋埋沒在歷史洪流中的隘道與理蕃遺跡。我之所以了解獅仔頭山歷史梗概，可說得自於前述的成果。可惜未放暑假前，忙的分身乏術，一直想規劃獅仔頭山踏查均不可行。加上此山地處偏遠，新北市小型巴士潭塗里線只有在星期六、日才有車子前往。若遇上當天下雨，我都會取消行程，遂一直拖到今天才啟程（照片 1-26）。

當天我從起站捷運新店站出發，搭乘第一班車 6 點 40 分前往，抵達登山口已經 7 點 20 分。事前我做足功課，走完全程最快也要三個小時。我趕著搭乘 11 點的公車下山，就是害怕午後雷陣雨攪局。不過這些考量都是多慮，因為全天天氣晴朗適合拍照。我應該算是今天第一位進入登山口的人，直到我從礦窟繞一大圈返回公車站牌獅仔頭山站，才看到人車聚

照片 1-26
新店區塗潭里獅仔頭山，整個山體就像個獅子頭。

集盛況，說明這座山受到山友熱愛程度。如果只是從親近大自然的角度來看，生長在該山的栗蕨、筆筒樹、金毛杜鵑、香楠、樟樹、新店當藥，就已經是植物教室豐富的教材。對我這個登山生手來說，在觀獅坪欣賞獅仔頭的秀麗，以及直攻獅頭上的崖梯，已經滿足攀爬山岳的樂趣。但最重要的還是考察清末日治初期的古蹟，保存最好的是大、小土匪洞，以及加蓋防雨的日治石寮（隘寮）遺跡（照片 1-27）。其次是已經乾涸的古井與日治一等三角點，以及二座長滿青苔字跡模糊的日治防蕃碑。已經湮沒在雜草或欠缺維護的，則是一等三角點後方的石製蓄水池與日治戰備壕溝遺址，以及在觀獅坪「分岔」出去的獅腰古道。

大體來說，獅仔頭山是一座重要臺灣史寶庫，清末的土匪洞全臺現存沒幾個，這裡就有兩個。而且到了臺灣民主國時期，土匪洞搖身一變成為

照片 1-27
新店區塗潭里獅仔頭山的歷史遺跡——石寮（隘寮），目的用來抵禦泰雅族的攻擊，它的出現說明當時漢人在山區開墾的危險。

照片 1-28
新店區屈尺里二龍山最高
點，山勢不高僅 304 公尺，
卻有日治時期臺灣總督府殖
產局立下的圖根三角補點。

抗日軍義軍的根據地。同樣地臺灣民主國遺跡也沒幾個，這裡竟有二個。
加上日治理蕃政策下的隘勇線與石寮、壕溝等軍事遺址，全臺存留且完
好者也不多，且都可以在獅仔頭山找尋得到。我想新北市政府應該把它
列全市的鄉土教育教材，好好的運用推廣才對。

（十五）2019 年 7 月 8 日星期一前往新店區屈尺里直潭山

直潭、直潭國小、直潭社區、直潭淨水廠、直潭路、直潭里、直潭山，
看似名字冠上「直潭」，地名與單位座落應該都在一起。有趣的是前述
絕大部分都是，偏偏只有直潭山不是。如果我沒有親自走訪這些地方，
只憑文獻史料與地圖的討論，可能會做出錯誤的解讀，這說明了田野調
查親自前往，而不紙上談兵的重要性。我認識直潭山是從劉克襄《北臺
灣漫遊——不知名山徑指南①》開始。我對劉先生成果的認識，最早是
在碩士班時代。當時我閱讀他獨具慧眼策畫之作《探險家在臺灣》，內
容講述的是清末、日治初期歐美與日本探險家在臺活動。30 年來劉氏筆
耕不墜，今年七月榮獲第六屆聯合報文學大獎可謂實至名歸。在北臺灣
漫遊一書放入針對直潭山、大桶山特寫照片，事後我親自踏查這二座山
時，也在同一個地點取景拍攝類似的照片。不過書中對直潭山稱「巍峨
沖霄、姿容險峻」，起初我不理解是怎麼回事，直到我親身走訪才知道。

今天早上八點出門，九點已經抵達文山清水巖登山口。6 月 5 日我已來過
一次，現在再度造訪感覺熟悉，而進入廟中虔誠膜拜遂走入登山口。所
謂的登山口實為一線道的馬路，甚至於它的寬度讓一部卡車通行都綽綽
有餘。為何這條產業道路要開闢如此之寬？因為山裡面還有許多農舍，
出入都要行車，為求方便只能拓寬。不過道路旁立的柱子卻寫著二龍山

步道，原來直潭山座落於深處，二龍山在其旁，所以必須先至二龍山，然後才能走到直潭山。差不多半小時時間，我已經走到二龍山的最高點，海拔 304 公尺處，並有一顆日治時期臺灣總督府殖產局立下的圖根三角補點（照片 1-28）。300 公尺的山勢不高，但我可以遙望到昨天走過的獅仔頭山。隨後我往長春觀方向前進。沿途經過一處福德祠，事實上是二座新舊土地公小祠，舊祠小巧造型古樸，供奉土地公與土地婆各一，可能有百年歷史。未幾我走到長春觀，從這裡就是要進入直潭山，也是艱辛旅程的起點。

這次的登山經驗，我總結直潭山有三多——蚊子多一直追著我跑，蜘蛛網多老是撞到頭手，倒塌樹木多常阻道。當然所謂的經驗是與大桶山、獅仔頭山做比較，沒想到直潭山的陡峭是前二者所不及。步道行進間少有台階，更多的是陡坡旁繫大繩，讓山友上山下山可以緊抓。我也可以確定，今天在直潭山走動，深山裡只有我一個人。但是感覺與大桶山不同，不管走到哪一段總是氣喘吁吁。再者，直潭山步道有許多岔路，這與直潭山系有數座山峰有關，它們包括：雞心尖、中嶺山、石碇後山、赤腳蘭山、暗寶劍山，全長號稱 20 公里。幸好我沒有來個大縱走，要不然可能會走到黃昏。

特別的是直潭山最高點為海拔 728 公尺，並無眺望的觀點臺，反倒有中央氣象局雨量自動測報的設備（照片 1-29）。另外步道沿途還有二座殘破的石寮，形制與獅仔頭山石寮相仿，應該都是日治時期留下來的遺跡。當我走完二龍山與直潭山步道後，對這裡的地形地物更加了解。我想清末烏來的泰雅族若要下山獵首，從大桶山先越過北勢溪，再潛伏至直潭山，最後等待時機衝入雙溪口或屈尺的漢人聚落，應該很容易得手。無怪乎直潭山下有一座民壯亭即是有應公信仰小祠，日治時期添建石寮形

照片 1-29
新店區屈尺里直潭山最高點，但是此處沒有觀景臺，只有交通部中央氣象局雨量自動測報系統的儀器設備。

成隘勇線鞏固防禦，都說明直潭山為歷史上漢番衝突的最前線。下午一點我總算走出另一個登山口，再從新烏路二段 436 號的巷子出來，全身汗水濕透又臭又累，感覺終於回到文明世界。

（十六）2019 年 7 月 15 日星期一前往新店區廣興長福巖、屈尺國小廣興分校、平廣溪流域、平廣福德宮、大寮流籠索道設備、幼瀨吉慶宮、塗潭里中心福德宮、下石厝、康雅崙、烏來區烏來老街泰雅民族博物館

今天的田野調查全程開車進行，因為要走的範圍很大，一天要徒步完成是不可能。但是話說回來，如果在三個月之前，我也不敢開車前往，因為道路不甚熟悉。然現在整個新店區的地名與道路都知曉，我只剩下一個地方還沒到訪，那就是光緒四年（1878）畫在《全臺前後山輿圖》上的新墾地，也就是我認為的平廣溪流域。因此今天的路程規劃，可謂在新店山區兜一大圈，然後再前往烏來。具體方向是先走新烏路，右轉過廣興橋走廣興路，直趨廣興里。再繼續走廣興路接平廣路，順著平廣路一段進至平廣，然後走平廣路二段進入山區，走一大段拓寬的產業道路，抵達獅仔頭山的登山口，然後下山接新潭路。再右轉上思源橋走直潭路，接下石厝路、康雅崙路，最後回到新烏路，一路駛往烏來老街。

廣興長福巖清水祖師廟久負盛名，我在拜訪屈尺岐山巖清水祖師廟，以及文山清水巖時早已聽過。事實上整個新店山區都是清水祖師的信仰範圍，為何會如此？當然廣興的開發與泉州府安溪移民有關，安溪人供奉故鄉的守護神祇並沒有什麼奇怪。可是我想從民間信仰的角度來看，清水祖師的神通發揮在「降妖伏魔」。清末漢人在新店山區開發，每遇泰雅族出草馘首死傷慘重，而被獵首者亡靈皆不得安寧，倖存者更怕祂們

照片 1-30
新店區廣興里日治遺留的臺車隧道變成馬路隧道，寬度只能容許一部車通過。

照片 1-31
新北市最老樹矗立在新店區
廣興里，這棵千年九丁榕有
八層樓高，當地居民已視祂
為樹神遂建立樹公廟奉祀。
有趣的是樹公廟的匾額落款
人為李登輝，就是李前總
統，旁題小字「歲次丁卯，
樹醫公」。

幻化作祟，故供奉清水祖師可保平安。不過我來到長福巖，讓我意想不
到的收穫，則是該廟戲臺向新店溪眺望視野極佳。我很清楚看到先前造
訪的頂石厝路與濛濛（谷）湖。之後我徒步走到小坑一路，「小坑」是
我要找的地名。附近的廣興土地公廟——長福宮，也是一個重要的觀景
點。特別是我在這裡看到直潭山印在新店溪的倒影，又驚又喜趕忙拍照。
之後走到小坑一路與小坑二路銜接的隧道，此隧道在日治為臺車隧道，
現做為公路隧道使用（照片 1-30）。

雖然廣興里談不上是大臺北旅遊的秘境，但是整條平廣溪流域的生態保
護的很好。如架設在路邊的平廣溪生態步道地圖，就繪出平廣橋設有魚
梯。日治時期新店溪設有魚梯，讓香魚游至上游或支流產卵時，不會因
為建造水壩或攔沙壩而受阻，此事我在高中就已經知道。但是幾次的田
野調查，都沒有發現，沒想到在此有出乎意料之外的收穫。至於號稱新
北市樹齡最古老（千年）的樹也在此處，它是一棵身長 25 公尺高的巨型
九丁榕。我目測它巨大的板根與一部重型機車差不多，而當地居民也建
造樹公廟膜拜（照片 1-31）。之後我在平廣溪上游兜繞，開車經過獅仔頭
山進抵塗潭里，並朝養源堂出發。養源堂小補碑，之前我踏查屈尺古道
時曾提及。但本堂正殿神案最上方供奉釋迦摩尼佛，下方放置真武大帝
神尊，且橫樑高懸「北極玄天真武上帝」匾額。這到底屬於佛教還是道
教？經我詢問養源堂管理人確定已是一座道教廟宇。至此我對整個新店
區田野調查全部完成，滿意地開著車往烏來區方向駛去。

B2
CHAPTER

新北市烏來區踏查與攝影

下篇 第二章

（一）2019 年 6 月 21 日星期五前往烏來區新烏路沿線

終於放暑假了！今天是暑假第一天，連續二個星期的忙碌，總算又有時間可以進行田野調查。我衡量一下路程，6 月 5 日從 849 路公車寶島巷口站牌下車，往下山方向走至民壯亭。今天我打算從栗子園站牌下車，往上山方向走至終點站烏來老街。這個徒步是必須，因為沿途我可以拍攝南勢溪溪谷的美景。正巧又是一個豔陽高照的好天氣，我想一切都可以如願。果然走至「隧道口」站牌不久，我就可以遠眺依傍在大桶山的忠治部落。雖然十幾天前我已到過忠治，但把該部落與大桶山，以及南勢溪攝入鏡頭還是第一次。

之後我又走至「加九寮」站牌，老地名又浮現在我眼前。不過此處沒有聚落，甚至民宅也沒有。我考證出地圖中的「夾精社」，可能是加九寮社，但直覺加九寮社應該不在此處（無險可守）。下一站是「成功」站牌，我未出發前認為這個地方不重要，但親自到訪過才知道是重要聚落。特別從這裡岔出一條「加九寮路」，通往一個叫做「加九寮」的地方，以及熊空－紅河谷越嶺古道登山口。這二處地方不是我一直找尋的目標嗎？我立刻循著加九寮路前去，不一會兒就看到「傳說中」紅色美麗的加九寮景觀大橋（照片 2-1）。站在橋上可以看見加九寮溪匯入南勢溪，我立

照片 2-1
橫跨南勢溪的加九寮景觀大橋，紅色巨大的橋身，配上綠色的山景，色彩強烈對比更加吸引到訪者目光。

馬走至加九寮溪與紅河谷小型污水處理廠，廠區旁邊就是林務局管理的紅河谷步道。然而此行是意外的插曲，非今天的目的；只算是探勘行程，規劃下次造訪。

我走回新烏路後，沿路至烏來污水處理廠、站牌「巨龍山莊」與「堰堤」。堰堤是文章中提到「西波安」老地名所在地，現今烏來區行政大樓（區公所）與衛生所都位於此。再往前走就會抵達烏來觀光大橋，我過橋後驚喜看到指示牌寫著「烏來區加九寮步道」，又是一個未預期的收穫。不過我還是返回橋的另一端，繼續沿著新烏路走，目的地已經快到了。當我抵達 849 路公車的終點站時，眼前又出現一座橋——烏來吊橋（照片 2-2）。這座吊橋在例假日總是人滿為患，今天是平常日完全沒人。我登上這座吊橋充當制高點，又驚喜地看到烏來山旁的妙心寺。妙心寺是烏來山的登山口，我想改天規劃一個行程從烏來山縱走至大桶山。過了吊橋我行至烏來福德宮，本宮建築頗大，很難得在原住民領域內有如此大座的土地公廟。特別是從本宮望去，這一處制高點可以讓我看到烏來老街與烏來橋，以及桶後溪匯入南勢溪口，更遠處還有攬勝大橋舊橋與新橋。

我想繞遠路走一圈，欲從環山路走至溫泉街，再從攬勝大橋舊橋過南勢溪，走回烏來老街。我在舊橋端看新橋施工，而新橋是白色大鐵橋很有氣勢，預計今年 12 月完工。我在上個月帶著內人與女兒重遊烏來老街，這是相隔 20 年後舊地重遊。所以今天再度造訪已沒有陌生的感覺。七月初我將短暫前往日本幾天，等到返臺後全月都會在烏來走動。

照片 2-2
烏來吊橋下方的南勢溪幾乎無汙染，溪水在陽光照射下呈現寶石藍般的青碧色，非常動人。

（二）2019 年 7 月 13 日星期六前往烏來區信賢步道、信賢吊橋、信賢部落、信福路、環山路、烏來部落

今天是星期六，我就是期待這一天出發至烏來。原因是接下來的田野調查範圍是信賢里、福山里與孝義里，849 路公車完全到不了，也沒有給外地遊客搭乘的小型巴士。想要抵達這三個里，除了自己開車之外，就是搭乘計程車。平日烏來的計程車不容易招到，只能等例假日才有機會。原本我有個大膽的計畫，就是直接搭乘計程車前往福山里，再走回烏來老街。可是遊客中心的人聽到極力勸阻。他們認為路途太遠，大熱天又易中暑，勸我不可魯莽。我接受他們的建議，所以以信賢部落為分界點，分成二次走完全程。

早上 8 點 30 分出門，抵達烏來老街已近十點，坐上計程車很快前往內洞國家森林遊樂區。內洞在信賢里，此遊樂區到了例假日人潮洶湧，所以往返搭乘計程車不是問題。不過我的目的地是前往附近的信賢步道，內洞只能等到數日後，我了解信福路路況再開車前來。烏來有許多步道，每一條步道的景色宜人且各具特色。信賢步道長度約一公里多，可說是沿著南勢溪開鑿而成，最大亮點就是瀑布很多。可惜已經很久沒有豪大雨，所以出水量不夠壯觀，否則一定很漂亮。我走到信賢吊橋後折返，順著路走到信賢部落。信賢部落規模不小，還闢建一座公園，但是沿著信福路呈現帶狀走向，建築物分布有些零散。有意思的是信賢部落有一座媽祖廟，這座信賢天后宮為 2002 年所建，除了主祀天上聖母，協祀千里眼、順風耳外，沒有配祀任何神明。我上下走了一圈信賢部落後，往烏來老街方向步行回去。

不一會兒我走到一座橋，當時只是想先拍照存檔而已，沒有意識到有何

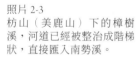
照片 2-3
枋山（美鹿山）下的樟樹溪，河道已經被整治成階梯狀，直接匯入南勢溪。

照片 2-4
信福路上的信賢隧道之前也是臺車隧道，現在變成公路隧道，但寬度只能容許一部車進出。

重要性。不料返家比對地圖，才發現就是我本文提到的「樟樹溪」。我考證出信賢部落不是傳統認知的「枋山社」而已，其實又名「內枋山社」，它與「外枋山社」中隔枋山。既然隔了一座「枋山」，想必百餘年前此處定有茂密的樟樹林，而樟樹溪就是一個重要的線索。只是現在的樟樹溪匯入南勢溪河段，整段被整治成臺階狀，已不復天然河道的樣貌（照片2-3）。再走一百公尺處，我看到信福路旁的信賢土地公廟——光明宮。這裡會有一座土地公廟我也感到意外，然從捐款公德區動輒五萬與二、三萬元數字來看，信徒的向心力應該很強。本宮建於 1972 年，奉祀主神土地公一尊，再配祀土地公二尊，就無其他供奉神明。

之後的行程沿著信福路前行，路況大抵不錯，我先前的擔心是多餘（照片2-4）。最後走至環山路，就進入烏來里。經過纜車車站、那魯灣溫泉度假飯店，來到烏來部落。烏來部落規模很大，上下被環山路與西羅岸路環抱，四周又有許多溫泉旅館，光是市民活動中心就興建二處為本區核心。我走入該部落的道路與彩繪階梯，感覺蘊含社區總體營造的理念，可說是一個成功的典範。此時時間竟已下午四點，我暗忖今天是所有田野調查花費時間最久的一次。趕緊走下至烏來老街，搭乘公車返回臺北。

（三）2019 年 7 月 16 日星期二前往烏來區福山里與信賢里

今天的行程是走信福路後半段，由於大前天才從信賢步道走回烏來老街，因此我今天原本計畫車停信賢派出所前，然後沿著信福路走進福山部落。幸好我沒有這麼做，也不知當時哪根筋不對，最後決定開車前往福山里李茂岸。這真是明智的決定，因為車行需半小時，如果走路加上拍照不知道要花多久時間。但是我今天一定要完成田調，原因是颱風將至，我

擔心如果發生道路崩塌，甚至土石流阻路，想要去福山里就會變得很困難。然今天溫度高達攝氏36度以上，超高溫不利戶外行動，唯一的好處是拍攝照片色彩鮮明，藍天青山綠水栩栩如生。

由於信福路福山段是我第一次開車前行，沿途我小心翼翼，深怕道路狹窄處會車困難。不過路況很好，使用這條道路的車子也不少，不像是新店區平廣路二段以後幾乎沒車。當我抵達目的地時，馬上感受到空氣清新與都市完全不同。加上今天不是例假日，來到李茂岸的遊客很少，沒有喧囂的氣息，環境更是幽雅宜人。我立刻前往福山國小造訪，這一次新店、烏來山區的田野調查，我特別喜歡前去迷你小學拜訪。感覺到在與世無爭的地方教書很幸福，但是猛然覺得自己50歲不到竟有退休的感覺。福山國小放置許多泰雅族藝術木雕，顯示出山地小學的獨特性。然最讓我訝異的是校門口，豎立一座亞維‧布納的銅像，彰顯校方重視泰雅族歷史的傳承，不愧是一所超過百年的學校。

另外福山天主堂也是我必訪之處，同樣是在天主教大學教書，在烏來與新店山區進行田調，很難得看到天主教會（照片2-5）。只可惜地處偏遠關係，天主堂與福山長老教會、下盆長老教會大門深鎖，看來要到星期日做禮拜時才會開門。還有一點值得提出，就是越接近李茂岸的地方，道路兩旁電線杆、樹枝的蜘蛛網越大越密集。而且每隻蜘蛛都是約我一個手掌大的體型，形成「三步一崗、五步一哨」般的捕食陷阱絕不誇張。此處本來就是賞蝶熱門景點，從昆蟲共生也說明了福山里環境維護與生態保育非常成功。之後我開車折返，遇到重要景點即下車照相。由於來的時候開車略顯緊張，所以速度較慢；回程路況已知，所以不一會兒就抵達屯鹿。屯鹿是泰雅族的老地名，但現在此地被命名為下盆部落。信福路旁有一大堵牆寫滿下盆部落發展史，上方標明「德拉楠下盆文化營

照片 2-5
烏來區福山里天主堂

地」，這又是泰雅族人重視自己歷史的明證。

照道理我已經是在南勢溪上游，沿途獵取南勢溪河谷美麗的鏡頭應是易事。不料信福路靠近溪谷段樹木茂密，遮蓋住許多不錯的視角，加上沿途電桿林立，拉出的電線猶如「五線譜」擋在眼前，拍照時也很煞風景（照片 2-6）。不過沿途經過新福山二號橋、德拉楠橋、五重橋，還是考察了斯其野溪、屯鹿溪、五重溪三條重要的河流，其中以五重溪瀑布的美景最渾然天成。過了五重溪其實就進入信賢里境內，正好遇到工程單位重新鋪路，砂石車來往好不嚇人。我下山時無意間看到信賢部落倚靠在山邊，我馬上發覺這不就是我一直尋找的「枋山」嗎？原來我考證出信賢部落就是清代的內枋山社，當然此部落今天的位置與清末內枋山社不同，可是這座「枋山」依然存在，它就是美鹿山南峰。此時已是下午 2 點 30 分，我已經在烏來山區五個小時，遂決定開車返回市區。

（四）2019 年 7 月 22 日星期一前往烏來區信賢里內洞國家森林遊樂區與信賢步道

今天的田野調查是很特別的一次，因為我剛好在下雨的空檔中進行。上週因為丹娜絲颱風裙擺掃過臺灣，所以都待在家裡沒有出門。今天凌晨二時臺北還下起大雨，我想大概又無法去烏來，不料九時雨停露出陽光。我猶豫了半天，不顧氣象預報提醒有午後雷陣雨的可能，還是開車前往烏來區信賢里。

今天目的地是內洞國家森林遊樂園，雖說下雨對田野調查是個阻礙，但有時也要看時機與場域。譬如我要拍攝瀑布的美景，如果連日晴天拍出

照片 2-7
內洞國家森林遊樂區大門

來的照片，因為流水量不足會顯得難看。所以我仍然選擇出發，就是認為已經有數小時的降雨，猜想瀑布應該有足夠的水量才對。再者，7 月 13 日我第一次來到信賢里，內洞可以說人滿為患，簡直無法取景。所以我特別挑上班日重遊，希望不要有太多的塵囂，結果都事與願成（照片 2-7）。

上午 11 點我入園參觀，進出的遊客人數很少，走沒幾步就看到烏砂溪瀑布。上週二我開車前往福山里，返程時看到烏砂溪流經信賢部落，原來此溪再注入南勢溪之前，還有一道瀑布形成。而不遠處就是鼎鼎有名的羅好壩，該壩建於 1947 年是為戰後初期臺灣重要的工程建設（照片 2-8）。由於現今仍在運作，進水口將水流透過 4,740 公尺長的水道，輸送至烏來發電廠，故列為安全重地不開放參觀。接下來我沿著步道走到「信賢瀑

照片 2-8
二戰結束後臺灣一切百廢待舉，直到 1947 年為止重要工程開展並不多，除了臺鐵縱貫線支線竹東線外（1950 年才延伸到內灣），其次就是烏來羅好壩的復工（1942 年開工卻因戰爭停頓）。

布」。不過解說牌現不稱「信賢瀑布」，反而使用「上層瀑布」與「下層瀑布」，強調信賢瀑布是由二座瀑布組成的事實。之後的路程就要開始爬山。

內洞園區的步道分為三種，一是 1,000 公尺的觀瀑步道，二是 1,700 公尺的森林浴步道，三是 1,500 公尺的賞景步道。園區的入口也是出口，一圈走下來要二個小時，然我拍照走走停停花費時間更多。由於我已經接受由易到難的四座山——小獅山、大桶山、獅仔頭山、直潭山的訓練，現走在內洞的步道簡直不當一回事。12 點 30 分開始飄雨，雖然雨勢不大且一小時結束，但步道開始濕滑。我在下坡時一不小心右小腿肌肉竟然拉傷，接下來的幾個小時只能一跛一跛慢慢行走。這個倒楣的事情很傷腦筋，不過我在步道行進時，也讓我發現二隻小猴子在樹梢跳躍。這真是又驚又喜地發現，其實入口處就有警告標誌，提醒遊客不能餵食猴子，看來這裡環保生態真的做得很好。之後我又發現「內洞林道」的步道，這一條林道我注意很久，它的登山口在地圖上都是繪出從孝義里進入。沒想到我在森林浴步道接賞景步道的岔路，竟也發現到它。這就表示我又要找個時間來造訪一下。

下午 2 點 30 分我走出內洞，前往信賢步道補拍幾張照片。我最重要的目的就是拍攝昇龍瀑布，因為上次來的時候這條美麗瀑布下面擠滿了人。可能又要下起午後雷陣雨，今天的信賢步道遊客無多。補拍昇龍瀑布與信賢吊橋讓我心滿意足，可是天空烏雲密布深感不妙，我拖著受傷的小腿吃力地走著，希望趕快回到車上。一小時後又開始下雨，幸好我已上車。但是半小時下山車程，信福路與新烏路下起暴雨，特別是忠治里附近跟晚上一樣，好在路況我夠熟悉不致危險。但是收音機傳來，臺北市大安森林公園周邊已積水成災。我想今天田調最麻煩的事不在山裡，反而是在市中心的歸途，就這樣五點才進家門，結束難忘的旅程。

（五）2019 年 7 月 28 日星期日前往烏來區忠治里加九寮步道

休養快一個星期，右小腿的拉傷終於好了，同時內人與女兒也從加拿大溫哥華自助旅行回來，家裡又顯熱鬧。原本打算今天早晨六點就前往烏來，但不知何故嚴重失眠，要到凌晨五點才睡著。九點醒來急急忙忙就出發，有點擔心下午的午後雷陣雨攪局，因為連續幾天都是這樣。

今天的目的地是加九寮步道，這條步道在十年前是烏來熱門景點。它的兩端是紅河谷與觀光大橋，然後沿著南勢溪蜿蜒而建，風光明媚美不勝收。不過步道的對岸是烏來高級溫泉旅館，先前常有不肖人士在步道拿著高倍望遠鏡偷窺、偷拍，令業者不勝其擾。爾後颱風摧毀步道導致崩

塌，相關單位索性不修復，於是整條步道毀損情況益加嚴重，最後封閉
不允許進入。可是我仍然執意要造訪的原因，最主要是這條步道在日治
時期為台車道，本身就具有歷史價值。甚至在未田野調查之前，我一度
懷疑它是在清末開山撫番時期修築。雖然從《臺灣內山番社地輿全圖》
來看找不到證據，但是無損於它對於烏來開發史的價值。但我要說的是，
網路上面也有旅遊玩家撰文步道旅遊心得，從貼圖貼文來看察覺不出步
道的危險性。然而今天我親自走一遍才知道，真的非常危險；坍塌處至
少二十個地方，最危險的地方有二處。看到此文的讀者，切莫親身前往（照
片 2-9）。

早上十一點我才從觀光大橋的入口進入，為何會從這裡而不從紅河谷，
實在是因為找不到紅河谷端的入口。一進去映入眼簾是殘破的景象，荒
煙漫草掩蓋步道不說，沿途都是巨大的水管，通往溫泉源頭輸送泉水。
我想今天還不是探查而已，應該說是探險，但希望不要變成歷險。我小
心翼翼行走，整個步道既有崩壞，亦有大石阻路，更有青苔濕滑。仍放
置在原處的舊告示牌，寫著第一座台車隧道在前方 310 公尺處，步行約
五分鐘，但我走著走著覺得早已超過時間。之後我抵達這座隧道，但洞
口早被土石擋道，我只能拍完照後繞過前行。由於今天天氣很好，所以
鏡頭獵取南勢溪的美景多處。特別是對岸堰堤一排的房子，有溫泉旅館、
民宅公寓，絕大部分的建築都是白色牆體，我從綠叢後伸長鏡頭，拍攝
它們映入在碧綠溪水的倒影顯得很美。有意思的是為何稱對岸為「堰
堤」，因為日治時期台灣電力公司在這一段南勢溪建有「烏來堰堤」「（又
名「桂山壩」）。現今的桂山壩有引水隧道，輸送水源至北勢溪桂山發
電廠發電。我已經去探訪過粗坑壩、羅好壩，以及今天拍照的桂山壩，
它們都屬於桂山電廠管轄。

此時我越過一處崩塌的大峭壁，該處我找不到路，差一點放棄要折返，還好發現有登山隊用粗繩搭成的扶手，遂驚險通過。一小時後抵達第二座台車隧道，該隧道狀況尚可，我快速通過後直覺已經路行一半。接下來無美景可言，當我通過第二處危險的崩塌路段——落差極高的巨岩擋道，一心只想趕緊結束這趟旅程（照片 2-10）。最後終於抵達紅河谷端的出口，原來此處隱身在一排民宅的深處，怪不得不易發現。走出步道後鬆了一口氣，旋前往加九寮景觀大橋探查清末加九寮社有無可能座落在南勢溪轉彎處，我的結論應該不是，關鍵因素是山勢太低。此刻聽到吵雜嬉鬧聲，原來是假日戲水的遊客，看看時間已是下午二點，決定打道回府。

（六）2019 年 7 月 29 日星期一前往烏來區孝義里桶後（后）溪流域

今天的田野調查算是很輕鬆，所謂的輕鬆不是指步行輕鬆，而是與光緒十四（1888）《臺灣內山番社地輿全圖》的解讀較無關聯，純粹「自由行」的踏查。這張番社圖對於現今烏來區的繪製，很奇怪地沒有繪出桶後溪。桶後溪，它是南勢溪一條很重要的支流，從水流量來看也非常豐沛，故上游建有阿玉壩，可以引水至烏來發電廠發電。如果從泰雅族的歷史來看，桶後溪上游有一條越嶺道可以通至今宜蘭縣礁溪鄉，這是條百年古道理當要被繪入才對，但竟然沒有。可見得時至清末即便在開山撫番政策當下，清廷對桶後溪流域的了解一切還是起步而已。

Google 地圖對於前往桶後與阿玉的道路顯示很清楚，它與前往福山里相仿都是一條路進出。我從烏來老街出發沿著啦卡路前行，「啦卡」就是番社圖標示出的「納仔社」舊名，對此有禮失求諸野的感覺。事實上烏

來區用原住民歷史典故命名的道路還不少，除了啦卡路之外還有五條，即是它的後半段稱為「阿玉路」，加上我已經走過的「加九寮路」，以及將要造訪的「西羅岸」、「野要街」與「答故產業道路」。路程中第一個映入眼簾是新北市立烏來國民中小學，這是一所幼兒園、小學與國中整合在一起的學校（照片 2-11）。該校的正前方就是桶後溪。之後我步行啦卡路，幾乎都是與桶後溪平行前進。由於桶後溪的水量頗多，所以激流衝擊石頭濺起的浪花感覺很美。烏來中小學前行不遠處有岔路，往上走會看到烏來發電廠，如果再續行就會走到遊仙·啦卡步道。遊仙·啦卡步道不是此行的目的，然日治時期興建的老電廠不能錯過。烏來發電廠的正門就很有特色，簡言之就是一座隧道的洞口（照片 2-12）。我拍完照後隨意地往上走，沒想到竟然走到一處制高點，腳下可以看到啦卡路與桶後溪並行的美景。

之後我繼續前進，但這是一個大膽的決定，因為啦卡路與信福路一樣都沒有公車，所以我返途也是要步行回來，這對體力是很大考驗。幸好今天是陰天，我就一路走到底。啦卡路沿途山景宜人，車子比信福路還少。但走到半晌突然看到新北市政府清潔隊所屬的烏來資源回收場，很訝異在這好山好水的路邊有這單位。再往前走終於來到孝義派出所，這裡早期是一座關卡，道路兩旁仍有電動鐵門設施。然而從 2017 年 12 月 16 日免辦入山證後，進出桶後溪上游就方便多了。孝義派出所旁有一條「內洞林道」，也是一處山友的熱門步道，有路可以通往內洞國家森林遊樂園，我在這裡難得看到交通號誌有小心毒蛇與毒蜂的警示。而從派出所再往下走路名改稱「阿玉路」。此刻的我已經有點累，但還是撐著繼續走。由於我有前往福山里李茂岸的經驗，所以這次我帶了不少瓶裝水，最起碼沒有口渴的問題。

我抵達阿玉路的終點，抬頭一望路牌寫著「桶后林道」的起點，而旁邊是一座廢棄的駐在所建築。由於先前颱風造成的坍塌，桶後林道與桶後越嶺道都已經封閉，這真是一個讓人失望的訊息。但我看到不遠處有一座土地公廟——玉福宮，從牆上信徒捐款名單來看，香火還算興盛。我虔誠參拜完，看到有一部 March 小車子經過，我詢問了一下路況。不料駕駛主動要載我一程返回烏來老街。我喜出望外接受，因為可以節省二個半小時的腳程，這難道是廟宇有拜有保佑嗎？遂結束今天的奇遇。

（七）2019 年 7 月 31 日星期三前往烏來區烏來山、大桶山縱走

今天這一次田野調查無比重要，因為所走的路線可說都繪在《臺灣內山番社地輿全圖》。之前對於烏來不甚了解，現在經過深入的研究，終於知道清末開山撫番歷史遺跡，沒有全部湮沒在荒煙蔓草。再加上隔天就是農曆七月一日，我想趕在「鬼門開」之前，先把這段累人的步道探查好。網路上面的郊山訊息，一再提醒這一條路花費時間至少七個小時，我有了直潭山的經驗之後就不敢大意，瓶裝水一定準備充足。另外也去登山用品店購買購買排汗衫、透氣長褲與登山鞋。之前的所有行程，我僅穿T-SHIRT 與運動長褲就上山，然之後還要走不少越嶺古道，遂把「傢私」都先購置。

妙心寺是烏來山、大桶山縱走的起點，當然也可以從忠治部落半小時腳程的登山口進入，可是這個出入口我在 6 月 9 日已經走過，故決定走妙心寺登山口。再者，烏來山山勢與直潭山相仿，都是一面斜坡陡峭、一面稍緩，所以趁登山之初尚有體力，走妙心寺路線的陡坡為較佳選擇。當天早上抵達烏來，我遲至 9 點 35 分才從妙心寺出發，登山口沒有任何

指標，幸好功課已經做足，就走「水管路」進入。之後一路走都陡坡前行，陡坡傾斜的角度我認為有 70 至 80 度。因此這些陡坡都有固定長繩，可以借力使力拉拔繩索上去。我認為烏來山比直潭山更陡，所以上坡各路段使用到的繩索更多。直潭山的經驗給我一個教訓，就是體力遠比速度更重要。由於這次縱走時間約有七個小時，要是像上次直潭山下坡走沒幾步就氣喘吁吁就糟了。所以烏來山上坡我寧可走沒幾步就休息一下，保持適當的體力；也不要因為走不動，到了太陽下山還走不出大桶山來的驚恐。

由於行走速度較慢，花了差不多三個小時才走到烏來山前峰（照片 2-13）。路程中在一個小處的高點，我看到大前天走過的加九寮步道與桂山壩，景緻十分漂亮，相機的快門當然按個不停。事實上今天的天氣非常適合登山，台北市的高溫已達攝氏 35 度，但山區林蔭密布，而烏來山正好處於受風面，大風吹來讓滿頭大汗的我消暑不少。12 點 30 分終於登上烏來山前峰，雖然海拔有 789 公尺，但四周完全被樹木圍繞，並沒有遠眺點可以拍照。不過我手繪地圖告訴我，烏來山主峰已經不遠。果然十五分鐘後抵達海拔 820 公尺的最高點，而望遠竟然可以看到八里的觀音山與海，頓時讓我驚訝不已，也慶幸今天的好天氣才能讓我拍攝到美景。此時我也看到大桶山就在「旁邊」，遂一路前行，因為已過中午，再不走快一點，太陽下山真的無法離開。

烏來山主峰到大桶山主峰這一段非常難行，它不像剛才我走過的烏來山路徑，因為四周樹木高大，陽光透不進來所以雜草生長稀疏。可是這一段可不同，整段路徑可以說被雜草掩蓋，我小心翼翼往前，深怕有一個窟窿踩空傷到腳踝，或者踩到一條長蟲就更麻煩。幸好沿途有登山隊綁的布條，讓我不至於迷路。好不容易在下午兩點抵達海拔 916 公尺的大桶

山主峰（照片 2-14），2 點 10 分抵達海拔 910 公尺的大桶山東峰。可是大桶山的這二處高峰，四周也被樹木環繞並無眺望點。我接著往六月初走過的步道前進，不料穿越一處森林，四周寂靜的環境讓我心頭一驚。因為既無蟲鳴也無鳥叫，風吹不進這片森林，所有的樹枝與樹葉好像都不動，空氣頓時沉悶不已。我猜想今天烏來山、大桶山縱走可能又只有我一人，所以加快腳步前行，遂在 3 點 20 分走出出山口，鬆了一口氣也體力透支，緩步前進，四點抵達忠治部落。結束了這一趟大膽的旅程。

（八）2019 年 8 月 2 日星期五前往烏來區福山里德拉楠橋、屯鹿、李茂岸、馬岸

7 月 5 日我看到新聞報導，內容提到新北市政府觀光局推展烏來主題旅遊活動——泰雅溪遊森活趣、泰雅農獵生活趣，目的是讓民眾體驗泰雅族文化，並請來林慶台牧師擔任活動代言人，而承辦單位交由原森旅行社負責。以前總覺得俗語「天時、地利、人和」是什麼意思？現在知道了，更何況今年我拿到新北市文化局的研究補助，觀光局規劃的活動當然也要共襄盛舉才對。同時我也想帶著妻小同遊，遂報名「幸福德拉楠－烏來福山部落悠遊行（泰雅溪遊森活趣）」

早上八點在捷運新店站集合，一行人搭乘小型巴士就開往福山里。由於 7 月 16 日我已經自行開車走過信福路，故沿途景觀並不陌生，不過內人與女兒欣賞南勢溪峽谷看得出神。抵達橫跨屯鹿溪的德拉楠橋大夥兒下車，有二位泰雅族的主人久候我們多時，照例獻上小米酒、醃山豬肉與番薯給我們這群遊客。之後大家往屯鹿方向前進，女主人邊走邊介紹烏來泰雅族歷史，旋在屯鹿彩繪牆上車駛往馬岸（照片 2-15）。馬岸我還沒有去

照片 2-15
在信福路屯鹿部落入口處彩
繪牆，用圖畫訴說著泰雅族
的歷史。

過，下一站的目的地是水圳古道。水圳是在日治時期開鑿，主要是總督
府為教導當地泰雅族農耕所做。不過現在觀光意義大於農業生產，而且
圳道主體維護良好，水質相當清澈。女主人告訴我們晚上夜遊，拿著手
電筒照著水圳會看到許多「眼睛」，原來都是溪蝦的眼睛，可以看得出
生態與環保做得多好。我們拾階而上，剛好看到清水從岩壁流下。女主
人提醒我們登山時，大多會汗流浹背、酷暑難當，所以一遇溪河或岩壁
石縫流水，可能會迫不及待拿著毛巾取水洗臉。她要我們切記絕對不可
以把石頭當洗臉台，或者用作洗衣板來搓揉毛巾。如此肉眼看不到的小
水蛭就會趁機附著上去，鑽入眼耳鼻口吸血，等到發現時水蛭已經變大
造成傷害。所以只能用手掬水瀑溼毛巾，總之毛巾絕對不能接觸到石頭
（照片 2-16）。

照片 2-16
馬岸大羅蘭溪畔的大塊人面
石

她又告訴我們泰雅族獵人的故事，在所有動物當中有一禁忌——不能獵殺臺灣黑熊。她云五十年前的李茂岸，晚上仍可以聽到臺灣黑熊在山林嘶吼的聲音。所以獵人真要獵殺黑熊，對象並不難找。可是一旦獵殺到黑熊，獵人自己或親人就要一命賠一命，並且屢試不爽。然而黑熊若是落入獵人埋設的陷阱身亡，那怎麼辦呢？這時獵人就要設掩埋黑熊屍體，並且請求祖靈保護，若超過 100 天沒有發生事情，那麼就不會遇上厄運。我聽到這段覺得不可思議，當然臺灣黑熊現在是保育類動物，若真的「獵殺」可是觸犯刑法。不過我在本文提到清末馬偕牧師來到烏來會見頭目「馬來巴卡」，馬來與同社之人為表歡迎還殺了一隻熊，並以新鮮熊肉招待馬偕與他的學生柯玖。如此說來不管原漢，習俗經過百年隨著環境發展總有變遷。女主人還說現在遇到臺灣黑熊已不容易，但在山裡打獵的獵人偶爾會在稜線遭遇。這時看到黑熊不要急著逃跑，因為黑熊跑的速度比人快。也不要爬樹或「裝死」，這二招也都沒用。最好的方法是從稜線「滑下來」，因為黑熊若站立，體型是上半部肉少結實、下半部肉多身壯，有點像不倒翁一樣。熊若追你，速度太快會從稜線滾落，此時只要機警抓住野草樹藤躲開，再趁隙回到稜線即可遠離。

這真是野外寶貴的一課，在所有書籍都沒有提到類似知識，我特別寫入手記。而下午就前往獵人教室學習射箭，這個經驗與 2016 年 12 月我在宜蘭縣大同鄉樂水村泰雅之旅相仿。到了下午四點結束所有活動，下山回到新店。

（九）2019 年 8 月 13 日星期二前往烏來區烏來里烏來老街、烏來臺車站、勇士廣場、烏來高砂義勇隊主題紀念園區、野要街、西羅岸路

今天田野調查看似輕鬆，但早在規劃中卻一直無法成行。原本 7 月 17 日要出發，卻被其他事情耽誤。改成 8 月 1 日出發，又被丹娜絲颱風攪局延後。最後拖至今天才成行。不過選日不如撞日，或許田野調查有哪些收穫，上天已經安排好也說不定，我所指的不可思議的巧遇。由於今天所有踏查全靠步行，我一大早就出發，抵達烏來老街九點半不到。走著走著來到新北市烏來區綜合市民活動中心大樓前，看到一群泰雅族耆老（區民代表）正在舉行傳統儀式。儀式才剛開始，我搞不清楚正在舉行什麼儀式，二話不說趕緊先拍照與錄影。儀式舉行簡單但符合傳統，原來大樓旁有座高大的泰雅族圖騰裝置藝術需要搬遷，因此特別舉行儀式敬告祖靈。儀式主角正是烏來區泰雅族總頭目林英鳳先生，一旁的司儀是烏來區公所民政課課長周佳琪女士。對於林英鳳先生，我只有在專書或新聞報導看過，沒想到今天竟遇到本人。儀式完畢我自我介紹並交換名片，我想到了今年烏來泰雅文化季活動，應該還會再相見。

之後我搭乘臺車前往勇士廣場，這些過程以往都以觀光客身份體驗，但總是走馬看花，今天特別駐足於某地查訪。譬如烏來瀑布的取景，六、七月份來回拍照不下千張，但今天瀑布顯得更美。因為幾天前的大雨，讓瀑布水流量十分充沛，流水打到南勢溪激起的水花，讓遠在幾公尺外的我都暑意全消（照片 2-17）。可惜的是我想去烏來林業生活館，但適逢星期二休館只能改天再來。於是轉往高砂義勇隊紀念碑憑弔，此碑現在正式名稱為「烏來高砂義勇隊主題紀念園區」，屬於烏來瀑布公園的一部分。原碑早在烏來設立，2006 年遷移到今位置，經媒體報導之後引發喧然大波。關鍵在於對日治臺灣史評價與定位問題，可是紛紛擾擾十餘

年，此事也已歸於平淡。前幾次我田調烏來一直想要造訪，但沒有找到（其實是經過而不知）。今天詢問勇士廣場店家，才知道是公三公園停車場上方的道路。

來到園區有雜草蔓生之感，原本以為乏人照料，但看到高砂義勇隊泰雅族戰士石像有獻花與清酒，我想還是有遺族家屬前來致敬。隨後我沿著環山路走到野要街，這裡是一處制高點，也是賞鳥的好地點。我打算從野要街走到西羅岸路，但不得其法，只好又走回環山路，再從西羅岸路的起點開始走去。事實上今天重要的目的是在尋找小寮地名之所在，以及針對保慶宮步道先行探路。小寮，此地名仍見於地圖，可是當地路名指示牌，已經沒有標示。但對照地圖，大抵是現今的谷繞附近。再順著路往上走，就可以看到烏來區運動場，這也是即將舉辦烏來文化季的地方。

我接著再往上走，此時爬坡有點累了，但是印象中在家裡上網看地圖總覺得很近，這真是一大錯誤。後來我看到三個指示牌，最舊寫著保慶宮2.3公里，次舊寫著西羅岸步道，新的寫著保慶宮步道。我想我找到目標了，可是所謂的步道已埋沒在荒煙蔓草間。如果要走西羅岸路前往，彎彎曲曲的柏油路肯定不止二公里多。剛好有位騎重機的年輕人下山，我攔下詢問並告知還有五公里路要走，一聽急忙打退堂鼓。而這麼偏僻的保慶宮，只有自行開車前來別無他法。

（十）2019 年 8 月 14 日星期三前往烏來區美鹿山、高腰山、拔刀爾山連走

昨天一趟西羅岸路探查，讓我知道前往保慶宮非開車不可。我一定要去保慶宮，因為這裡是通往美鹿山、高腰山、拔刀爾山的登山口。我自己解讀《臺灣內山番社地輿全圖》，判定所謂的枋山就是美鹿山，因此山上的步道有可能就是地圖上的舊跡。當然登山前事先做好功課是必須，我在網路上參考山友的貼文，每位都是輕鬆異常，而且我又有大桶山、烏來山、直潭山的特訓，遂認定這次幾座山峰應該「很簡單」，沒想到卻大錯特錯。還好幾次的登山經驗，瓶裝水帶著非常多，至少不會因口渴而煩躁焦慮。

事實上西羅岸路是單車好手熱門的路線，坡度陡、路線長、挑戰高，騎到最後還有保慶宮可以休息。今早我開車上山，就看到二位單車健將努力踩踏。另外快要抵達保慶宮前，我看到一塊路牌寫著西羅岸三個大字，心中滿是驚喜。原來我解讀出來的外枋山社，應就是西羅岸社，但它到底在哪裡？百餘年前大概就在這一帶。至於保慶宮供奉主神是廣澤尊王，宮中許多匾額是政界與軍界贈予。我照例向廣澤尊王祈求登山順利，旋

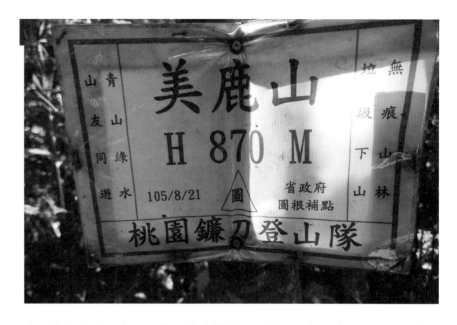

走到廟旁登山口上山。今天的路線特別，並不是兜一大圈，也不是直線縱走，而是一條主線分岔，然後又再返回主線，再往前走又分岔，然後再返回主線，最後折返回到原登山口。我走進山中步道沒有多久，就看到新北市政府消防局登山路徑號碼牌，目的是有突發狀況或迷路，可以緊急撥打烏來消防分隊求救。這也是先前我在新店、烏來其他山區沒有看到的編號牌。心中頓時不太自然，不過一剛開始步道維護尚可，也沒有想太多就前進。

今天的三座山峰連走與之前經驗不同，即是土蜂很多，常見到腳踩一個上坡，就有土蜂（不是中華大虎頭蜂）從洞口或落葉堆飛出。加上地面枯枝、枯幹多，很容易絆倒。不過標高 850 公尺美鹿山南峰在主線上，倒是很快抵達。可是到標高 870 公尺美鹿山主峰，從主線分岔走去往返就一個小時，並且路不是很好走（照片 2-18）。我心裡有點滴咕。而從美鹿山主峰回到主線上，往高腰山前進時，我走錯了另一條岔路。雖然這條岔路也可以通往高腰山，但是路況惡劣，許多地方的步道要不是被草叢遮蓋，就是寬度只有 20 公分，往下看就是相當陡的斜坡，非常危險。費了一番功夫終於抵達標高 980 公尺高腰山（照片 2-19），此時我看到一個路牌箭頭寫著「加九寮、紅河谷」，頓時雀躍不已。因為這條路也被畫在《地輿全圖》中，我一直很想走，可是難度更大，因為坡度更陡。我猶豫要不要更改既定行程，捨棄拔刀爾山，直接從高腰山走到加九寮、紅河谷。忍不住還是決定走下去，但真是個錯誤的決定。因為坡度陡到危險萬分，稍有不慎就滾至山下。而且這條路已經很久沒人走，所以山友在樹枝上綁的路標模糊不清，完全不知所蹤。再加上不少路段山崩坍塌嚴重，道路柔腸寸斷早已面目全非。此時下行約一個小時，我感覺有迷路的危險，當機立斷馬上掉頭，又費了一番力氣「爬回」高腰山。

我已經精疲力竭,按照路標緩步走至新的岔口回到主線,我自忖要不要勉強走至拔刀爾山再折返。最後決定不要再冒險,直接折返回到原登山口,結束一場登山驚魂。雖然拔刀爾山是泰雅族歷史重要山峰,宋神財老師研究提到從這座山有一條「獵首道」直通三峽熊空(此道現在仍存),但只能另找時間去拔刀爾山了。特別我與出版社約定截稿時間將至,或許在本書付梓前都沒時間前往,但我想田野調查難免都有遺珠之憾,看來也只能先這樣。

照片 2-19
高腰山最高點

(十一)2019 年 8 月 21 日星期三前往烏來區福山里福山植物園、宜蘭縣員山鄉雙連埤、宜蘭市宜蘭縣政府

這是我第二次參加原森旅行社的行程,我早在七月份就報名。當時興沖沖以為行程就是帶著大伙縱走哈盆越嶺道,那真是天賜良機與本研究計畫符合。不料出發前一天我仔細看了內容,才發覺是定點知性之旅。話雖如此,福山植物園與雙連埤未曾去過,而且也是文章提到二個很重要的地方,所以我對今天的宜蘭行仍充滿期待。

福山植物園相當特別,因為它屬於福山試驗林範圍。此範圍又分成三大塊區域,福山植物園位置居中,上方是水源保護區,下方是哈盆自然保留區,全部隸屬於行政院農業委員會林業試驗所福山研究中心管轄。再者,前往福山植物園的道路不是從新北市前往,而是繞到宜蘭縣員山鄉湖西村進入。因此為確保植物園生態不受破壞,每天管制遊客數量為 500 人(假日 600 人),亦必須提前申請才能入園。有趣的是福山植物園管制站設在宜蘭縣員山鄉,可是從停車場開始到整片福山試驗林,包括福山植物園在內,行政區都屬於新北市烏來區。我想從地點來看,今天有一半的行程還是在烏來。

早上 7 點 30 分我們在臺北火車站集合完畢,坐著遊覽車直驅宜蘭縣。由於甲種與乙種大客車不能進入福山,因此我們在員山鄉員山公園轉乘七人座休旅車共三輛上山。受限於管制,故入園參觀人數寥寥,但這對我踏查記錄來說正好(照片 2-20)。9 點 30 分至 12 點 50 分是團體導覽表定時間,導遊王方美小姐表現稱職。她在帶領我們參觀時解說紅檜(或扁柏)的歷史,並以阿里山為例,有云日治初期日本人發現阿里山滿山遍

野的紅檜林驚為天人，當時走在紅檜林之下，大、小樹枝遮蔽就算抬頭
也不見天日。林業學者後來研究，為什麼紅檜林中每株紅檜的生長要比
鄰接近，這就是大自然神奇的地方。因為紅檜（或扁柏）根短抓地力淺，
加上臺灣每年颱風很多，若紅檜彼此不這樣「依偎」，很難抵擋強風吹襲。
所以紅檜林一旦被發現，必定是以「神木群」之姿聳立。但是若要開採
神木群，一旦砍伐一株紅檜，整片森林「依偎」抗風的能力就會減弱。
砍伐越多，抗風力道越弱，最後定會有檜木（或扁柏）受不了颱風的吹
襲，不支倒地。因此神木群受到的破壞，不是只有人為砍伐而已，還有
人為無形中的傷害。這樣的景象，我在宜蘭縣大同鄉馬告生態園區（棲
蘭檜木林）也曾看過。我們一行人在福山植物園參訪，每個人心中最期
盼就是看到野生動物，只可惜只有看到臺灣葉鼻蝠倒掛在涼亭而已（照片
2-21）。

照片 2-21
當天在福山植物園唯一看到
的野生動物──臺灣葉鼻蝠

中午用餐吃的合菜也不簡單，青菜類有不少水生植物快炒，全是臺北難得品嘗的美食。雙連埤是午後另一個重點，埤的面積不大，但漫步一圈也要一個小時。這塊國寶級濕地，已被宜蘭縣政府公告為「雙連埤野生動物保育區」，面積有 17 多公頃。之後的安排頗為愜意，我們轉往宜蘭縣政府參觀「綠建築」，但讓我印象深刻是縣府大樓大廳的巨型紅檜屏風，以及放置在旁邊的巨型紅檜筒狀斷片。已經成為裝置藝術的紅檜，都是從太平山運送過來。8 月 28 日新聞報導稱為力拚觀光，停駛四十年的太平山森林鐵道可能部分復駛。先行路段從羅東鎮竹林至三星鄉天送埤優先推動，而且是往觀光鐵道方向規劃。清末太平山也被畫入《臺灣內山番社地輿全圖》，今天隸屬於宜蘭縣大同鄉與南澳鄉，也是泰雅族的居住範圍。或許忙完此計畫案，下一個階段就要往宜蘭發展。

（十二）2019 年 8 月 31 日星期六前往烏來區參加 108 年烏來泰雅文化季（LOKAH ATAYAL）

今天是一年一度烏來泰雅文化季的日子，原本在 8 月 24 日舉辦，沒想到輕度颱風白鹿來攪局，所以延後一週與行。我參加原住民的祭典只有一次，就是 2002 年底參加新竹縣五峰鄉賽夏族「巴斯達隘」矮靈祭。由於本研究案對象是泰雅族，遇到此盛會怎能錯過，無論如何一定要參加。

若按行程規劃，早上 11 點活動就開始，而地點選在西羅岸路烏來綜合運動場。不過下午 4 點 30 分以前的節目，比較類似園遊會與趣味競賽。當然競賽也是以傳統競技為主，如鋸木頭、射箭、揹新娘、負重接力、搗米、摔角與拔河。我最注重的祭典與傳統舞蹈，都是安排在下午六點以後。這可能是考量天晴太陽過於曝曬，參與人員會有中暑脫水之虞，故儘可能在黃昏與夜晚舉行，也容易炒熱全場氣氛。

因為如此，我近中午才從家裡出發，我想利用下午的時間前往林業生活館，那裏有一張非常重要的地圖，我一定要拍照做為史料。烏來林業生活館與臺車全部設施，均隸屬於行政院農業委員會林務局管轄。今年 5 月 19 日我帶著妻小重遊烏來，首次進來林業生活館參觀時發現地板有一大張地圖，繪出戰後林務局在烏來臺車路線舊址與場站。但當天是星期日遊客太多，而且我們急著去雲仙樂園只能改天再來。沒想到一蹉跎就是三個多月，直到今天總算成行。這張地圖約標準床墊大小，當中標明地名最關鍵的是「小寮」，這點我已經在本文論述。

之後我沿著「情人步道」走到溫泉街，這條路幾乎與臺車道平行。我原本抱著走馬看花的心態，沒想到從這一條步道可以看到南勢溪對岸的烏

來發電廠，加上當天天氣晴朗，光線照到南勢溪呈現碧綠色水面非常漂亮（照片 2-22）。在走近溫泉街時，意外發現一條斜坡通至南勢溪，這是新「野溪溫泉」的地方。舊的野溪溫泉靠近攬勝大橋，全都是違章建築，早在 2017 年 5 月全拆了。現在的野溪溫泉是遊客用溪邊大石，堆疊圍成池狀因陋就簡而成。此時差不多下午四點，我搭乘接駁車往運動場，正巧趕上負重接力與拔河（照片 2-23）。接下來的族語歌謠表演，我也認為很有傳統文化特色。尤其是上臺表演的團體，都是各里基督徒所組成的合唱團，用自己的母語唱出泰雅歌謠，這對於泰雅文化的傳承必定有幫助。而花絮是輪到福山里教會表演時，合唱團的指揮就是林慶台牧師。平常看到林牧師都在電影賽德克‧巴萊，他扮演年長的莫那‧魯道，沒想到今天得以見到本尊容貌。

晚上 6 點 50 分開始舉行祭典儀式，差不多十來位烏來各部落頭目與耆老，在總頭目林英鳳先生率領下，從司令臺緩緩走下來，前去祖靈之屋敘舊飲酒。其他泰雅族的男男女女，以及我們這群外地遊客，就在輕快的歌唱聲中，繞成二、三層圓圈跳起大會舞。舞畢，大伙排隊領取久候的大餐——烤乳豬。我則是在舞臺前方，欣賞準備要登場的開墾祭、播種祭、收割祭表演。起先我以為是傳統祭典的展現，後來才知道新加入許多燈光效果，以及流行樂曲等元素。雖然小小失望一下，但仔細想想也符合「文化季」，做為觀光賣點的效果。而整個活動到晚上十點才結束，不過 7 點 30 分我先行離開，畢竟最後一班 849 路公車是晚上 9 點 40 分開下山。此時的我既歡心又疲累，只想趕快回家。

（十三）2019 年 9 月 2 日星期一前往烏來區福山里福巴越嶺道踏查

今天終於出現難得的好天氣，可以進行山區越嶺道的田野調查。不過今天也是中小學開學的日子，早上八點先把女兒送到幼兒園，然後就出發前往福巴越嶺道的入口。福山里，我已經有二次田調的經驗，整體路況與環境算熟。可是福山里面積很大，由李茂岸、大羅蘭、卡拉模基部落組成。前二次之旅都是在李茂岸活動，因此我想利用今天與明天，把福山的六條古道或步道全都踏查一遍，首選就是福巴越嶺道。

乍看之下《臺灣內山番社地輿全圖》沒有繪出福巴越嶺道，可是輿圖中林望眼至林望眼社，就是福巴道的初始段。福巴越嶺道全程據信是烏來泰雅族的祖先——亞維·布納（YAWI BUNA），從今天桃園市復興區巴陵，翻越二千公尺的拉拉山山區來到福山部落（Trana）的路線。此後烏來與巴陵泰雅族就靠這條道路來往，甚至於婚嫁，故又稱「姻親路古道」。步入日治，1913 年日本人為連繫管理與經濟考量，遂依據原始山徑修築警備道路，命名為「拉拉山角板山越嶺道」。

Tranan，以往譯為大能蘭，現譯為大羅蘭、塔拉南、德拉楠，其實是從 Trang 演變而來，意思是「正當那時候」。緣由是亞維·布納回到巴陵之後，向大頭目哥布塔（Ikbuta）報告發現新天地的經過，可是嘴裡不斷說出 Trang...Trang...，主要是當地魚群眾多、野獸豐富，於是哥布塔回答那就命名 Tranan，典故是泰雅族語詞尾加上 an 表示地方，故 Traran 之名傳開。這段有趣的故事，不見於任何書籍期刊、網路資料或研究成果，而是出自於福巴越嶺道入口的解說牌，所以我把它記錄下來。

從入口處進去，走過下坡台階，馬上映入眼簾是普負盛名的福巴道吊橋（照片 2-24）。該道全長約 18 公里，單趟所需時間六至七小時。雖然整條步道林務局已經開放通行，但沿線會經過國有林班地，即是插天山自然

保留區,相關單位仍豎立告示提醒遊客注意。我仔細看了一下告示的地圖,發現插天山自然保留區與三峽滿月圓國家森林遊樂區,以及復興東眼山國家森林遊樂區接壤。這就是興圖所繪出今新北市與桃園市山區泰雅族聚落之所在。可惜的是礙於時間,我沒有辦法走完全長約 18 公里的福巴道,僅走 3.5 公里就折返,然田調收穫還是很多。福巴道與先前我踏查各古道最大不同,就是大部分福巴道沿途一側就是斜坡,不像其他道路左右兩側還長有樹木或灌木叢。所以一不小心滑落,就要滾下約六、七樓高的陡坡。今天我也差一點滑落下去,非常驚險。這不是我粗心大意,而是經過寬約 40 公分的山道,右腳踩實,但左腳踩的地面,砂土突然鬆軟,所以左腳整隻滑下,還好右腳踩實,所以慢慢起身。然而現今福巴道其中一條岔路通往茶墾山與模故山,我考證出來就是興圖中,那一條走往射獵(宜蘭)的道路。這算是史料的重大發現,遺憾是這一條「岔路」年久失修無法通行遂放棄(照片 2-25)。

有意思的是在折返點，我遇到 4 名養護福巴越嶺道的工人，他們都是泰雅族的朋友，同時也勸告我不要再續行。因為當時已經 12 點 30 分，可能擔心我太陽下山還到不了巴陵。我謝謝他們的好意，就往回頭路走，沒多久又遇到一位山友，彼此打招呼致意。我為何有寫下這些，就是數月登山經驗累積下來，他們都是我在山中步道第一次看到的人，或許正說明福巴越嶺道成為熱門景點的原因。

（十四）2019 年 9 月 3 日星期二前往烏來區福山里卡拉模基與大羅蘭（塔拉南）

昨天與今天的田野調查對本計畫來說相當重要。烏來區福山里是南勢溪的上游，偏偏這裡的支流走向複雜，如果沒有實地了解，很容易會誤解溪流流向，錯讀山脈、番社、道路的分布。而且輕度颱風玲玲正接近臺灣當中，我想趕快完成烏來區所有的田野調查，好迎接下星期一輔大開學，之後就要忙於教學的事情。

福山里李茂岸、卡拉模基、大羅蘭附近的南勢溪支流，有二條最為重要，一是大羅蘭溪，二是札孔溪。《臺灣內山番社地輿全圖》繪出的溪流是南勢溪與札孔溪，我一直想要拍攝這二條溪流的匯流處，可惜道路不通且樹林茂密無法如願。至於大羅蘭溪雖然輿圖沒有繪出，但此溪還有山車廣溪與馬岸溪二條支流，實為了解大羅蘭與馬岸二地重要對象。另外福山里還有六條步道或古道，它們是福巴越嶺道、哈盆越嶺道、卡拉模基步道、雅岸步道、古圳步道、溪瀧步道。昨天已經走過福巴道，對於地圖的解讀大有助益，今天想走另外五條道路。然而來到現場才知道，規劃永遠趕不上變化。原來四年前蘇迪勒颱風之故，有的步道受損迄今都沒有修復。例如：今天踏查的第一條道路——卡拉模基步道，我原本從福山一號橋附近入口進入，但只走二百公尺就因為道路早被山澗沖斷，考量橫越的危險性遂放棄（照片 2-26）。悻悻然離開後開著車走哈盆產業道路，尋找哈盆越嶺道的登山口，沒想到一到登山口竟發現卡拉模基步道與此處也可以相通大為興奮。我沿著卡拉模基受損的步道前行，此步道與南勢溪平行，昨天走與札孔溪平行的福巴道，結果沒有看到南勢溪與札孔溪的匯流處，今天走卡拉模基步道我認為還有機會。不料樹木生長過於茂密，我只聽到二條溪流匯合的「轟隆聲」還是無緣看到。不死心更想往前看看有無機會，但遇到路段大崩塌，不得已只能放棄，掉頭改走哈盆越嶺道。對於哈盆道的踏查，我原本就想蜻蜓點水。因為整條古道在今天有限的時間無法走完，而且 8 月 21 日我也去過福山植物園，算是一覽該道的終點。也因為這樣，我才走約 300 公尺就看到古道被一道山澗沖毀，我不想冒險越過遂折返入口處。

照片 2-26
福山一號橋旁邊的巨巖,位於南勢溪畔,溪水湍急如萬馬奔騰狀。我為了拍此美景,直接走到橋下灘地,這是我與白色浪花、青碧水面最接近的一次。

回到車上我看了地圖,想走「剩下」的三條步道。不料與南勢溪平行的雅岸步道,早已湮沒在荒煙漫草間,還好今天完整踏查二條步道——古圳步道與溪瀧步道,也算小有收穫。古圳步道修築於日治時期,8月2日全家第一次參觀時,導遊告訴我們這是日本人要求泰雅族學會水稻種植而設。當時我們這團沒去鄰近的蝴蝶公園,今天造訪才知道重要性。原來古圳的取水口就在此公園,它汲取大羅蘭溪的水,引導至大羅蘭(塔拉南),再引導至李茂岸,最後流入南勢溪。我從蝴蝶公園走過拱橋,改走溪瀧步道回到停車處。最後整個福山我只剩一個地方還沒開車去過——馬岸。我刻意開車走馬岸產業道路尋找路的盡頭,如同上午開車走哈盆產業道路尋找路的盡頭一樣。抵達目的地後心滿意足離開,前去李茂岸作離去前最後一瞥,無意中抬頭看到前方山脈崩塌處,就是上午在卡拉模基步道的折返點,趕緊照相留念就依依不捨回到臺北(照片2-27)。

照片 2-27
我在福山里李茂岸遠眺大崩塌的卡拉模基步道,青翠的山頭突然凹下一塊,這與四周景緻相比極不協調。

新北市三峽區紀錄與攝影

（一）2019 年 8 月 26 日星期一前往三峽區 799 路公車德安橋站至三角湧老街

久違的三峽田野調查今天又開始進行，上次是 5 月 13 日我搭乘 799 路公車，從三峽區安坑里德安橋站往回走到新店區日興里五城。這次亦是從德安橋站開始，直接走到三角湧老街。簡言之，今天的田野調查重點是橫溪流域。《臺灣內山番社地輿全圖》稱橫溪為杏溪，此處在百餘年前是泰雅族的領域，因此我計畫用步行了解該區域地形地物。

779 路公車的站牌有許多老地名，我事先已經做好功課可以很快上手。不過我覺得今天走起來與上次相比，車子顯得很多，特別是砂石車與大貨車。再者茶行也特別多，所經的道路有安坑路、成福路、溪東路、橫溪路。雖還不至於到茶行林立的地步，但不管街道有無熱鬧，總是會看到茶行販售茶葉。這不禁讓我想起清末、日治時期北臺灣茶葉發展的盛況，在臺北市木柵、景美或新北市新店、深坑已經很難見到歷史蹤跡，沒想到三峽竟有遺風。另外德安橋至成福國小的路段，我覺得也很像中部南投與臺中的省道，因為沿途丘陵起伏又有一些檳榔林似曾相識。

我想今天最大的收穫有二，一是掌握橫溪流域經過三峽哪幾個行政區。他們依次是安坑里、成福里、竹崙里、溪東里、溪北里與溪南里（照片 3-1）。每個里都有與拓墾歷史有關的土地公廟，這些廟祠動輒一、二百年，偏促一隅卻香火鼎盛。我注意到今天田野調查所見的土地公廟，如果說與新莊、三重、蘆洲、樹林、泰山、新店相比較，陳設形式有何不同就是供桌的造型。前述六個地區的福德宮供桌陳設簡單，大多水泥黏貼磁磚，偶爾會看到洗石子，經濟狀況佳者會用木頭雕刻的神桌。可是這地區的作法，福德宮的供桌立面有用水泥直接做成造型，或者用大理石直接刻劃圖案，如安坑福德堂象鼻土地公（廟）雙獅戲球、成福長福宮雙獅戲球、成福福安宮昇龍、溪東福隆宮福祿壽、溪南福南宮麒麟、礁溪福德宮雙獅戲球、溪北景福宮麒麟。

二是同治十年（1871）《淡水廳志》記載隘丁五名駐防的橫溪南北隘，最有可能是位於何處？如果以「橫溪」為地名來說，今天它位於溪北里；因此有橫溪派出所、三峽區農會橫溪辦事處。若「橫溪」為河流來說，

照片 3-1
豎立在三峽區成福里成福路
上的封溪護漁告示

那就是橫溪橋橫跨的那一條橫溪。筆者認為不管是地名還是河流名，橫溪南北隘的隘寮應該是今溪北里與溪南里各一座。所謂各一座的意思倒不是鞏固橫溪橋的「橋頭堡」，因為清末此處沒有橋樑。關鍵在於橫溪南隘主要防禦來自紫薇潛行至溪南山的泰雅族戰士，橫溪北隘主要防禦枯水期從橫溪暗渡到今溪北里的泰雅族戰士。由於溪南至溪北的道路，實為清末三峽通往土城的要道。若不在溪南與溪北各設一隘，泰雅族戰士潛伏其中很容易獵首來往的行人。筆者之所以大膽認定，在於今礁溪福德宮旁有一座「古先人公祠」，祠中的傳聞錄很清楚寫明古墳中的遺骸，全是來自漳泉械鬥與被生番馘首者（照片 3-2）。

由於橫溪是如此重要，所以我特別尋找橫溪匯入三峽河的地方，其實就是佳興橋橋下。累計行程這一趟可真累人，今早八點出門，直到下午五

照片 3-2
新店與三峽至少有二處有應公祠，肯定與泰雅族獵首造成的流血有關。一般人對於幽冥信仰都是敬而遠之，但是研究清末原漢衝突不可避免會討論。今天在三峽區溪南里設立的「古先人公」祠，提醒我們此處百餘年前，這一段快被人遺忘的歷史。

點才進家門。畢竟三峽距離臺北實在太遠，明天計畫前往熊空，我希望全天晴朗，不要像今天走到三峽老街突然下起大雨，徒增不便。

（二）2019 年 8 月 27 日星期二前往三峽區 807 路公車熊空站至合作橋站五寮尖

三峽田野調查最麻煩的事情是離臺北市遠，而我又不熟悉道路，因此我把它排在新店與烏來之後進行。昨天已經完成橫溪的踏查，我把目光轉移到另一個要地——大豹溪流域。這是我首次前往大豹，以前在臺灣師大博士班課堂，常聽溫振華老師提起到大豹社的歷史，十多年後總算親自來此訪查。然不熟悉路況的我，抵達這裡花費不少時間。我搭乘 779 路公車從捷運新店站至三峽一站（總站），就花了一個小時。不料 807 路公車剛開走，我詢問總站人員，他們告知早上 9 點 30 分錯過，就要等到中午 12 點才會發車。沒辦法只能改搭計程車前往熊空，幸好在三峽老街招車容易，單趟過去車資也要 550 元。

今天的田調我想趕在下午四點以前下山，除了大豹溪流域是陌生的地方，這裡的「聊齋」傳聞也不少。但是一路上風景宜人，特別是大豹溪封溪護魚從 2013 年 11 月 1 日開始，已有六年時間，生態保育做的非常好。此處山林與溪水的美麗，可以與烏來南勢溪、桶後溪相媲美。由於大豹溪水質清澈，這裡有一種服務是烏來所沒有，就是免費取用山泉水。我至少看到二處地方，有「一排」水龍頭讓人可以桶裝取水。但當地最知名的山泉水，還是佛山莫屬。連三峽老街的豆花店，也標榜取自大豹溪佛山山泉水製作而成。

照片 3-3
三峽 807 路公車終點站——熊空候車亭，但這裡還不是熊空最深山處，若從產業道路再前行，半小時腳程會抵達熊空橋，那裡才是柏油路的盡頭。之後接上水泥、碎石子路，往上再走半小時抵達熊空－紅河谷登山口。

我從 807 路公車在熊空終點站候車亭一路走下來（照片 3-3），大豹溪上游重要的支流——熊空溪、中坑溪、蚋仔溪、水車寮溪，在百餘年前都是泰雅族聚落分布的地方。它們就是文章提到的二社——望則社（蚋仔社）、大埤新拐（雙溪社）大概位置。此處的溪流與番社形勢，很像烏來區福山里南勢溪上游支流——大羅蘭溪、馬岸溪、札孔溪、山車廣溪，也分布著塔拉南社、李茂岸社、卡拉模基社一樣。值得一提是這一段公路名為「北 114 縣道」，它不像「省道臺九甲線」在烏來重新取名新烏路，可能是沿途住家很少，特別是公車站牌插角一鄰至湊合，因此三峽大豹溪的路沒有重取的必要。

另外，「北 114 縣道」與新烏路相比，前者橋梁眾多更是一大特色。新烏路可說與新店溪南勢溪平行而走，其實「北 114 縣道」也是與大豹溪平行而走，然而沿途有許多山澗形成大豹溪的小支流，使得這條路為了越過山澗必定要修築橋梁。好比說此行另一個目的，就是要找尋大豹溪名為「大豹」的典故——豹頭石，它位於大義橋對面溪谷臨水處。東眼橋，「北 114 縣道」往桃園東眼山方向，過東眼橋改稱東眼路，幾乎與東眼溪平行而走。如果要以溪谷景色相比較，大豹溪可能比南勢溪略勝一籌。因為大豹溪不僅巨石奇岩比南勢溪多，河床沖刷出來的造型也很獨特。前述提到的豹頭石僅是一列，還有狗頭石、象鼻石、蟾蜍石，這幾塊巨石竟與鄭成功神話故事串起，它們與鶯歌的鶯歌石，以及三峽鳶山，都是被鄭成功平定的妖怪（照片 3-4）。

照片 3-4
矗立在大豹溪中央的蟾蜍石，其實就是一塊巨巖，如中流砥柱般擋住大豹溪的流水。

當然，現在我投身教育，田野調查過程中附帶的收穫就是造訪迷你小學。有木國小與插角國小都是偏遠小學，但都在教育的最前線，它們與我去過的福山國小、龜山國小、廣興國小等，都把校園維持得很好。我沿途也走了約十公里路程，過了湊合橋之後已是下午三點半，十分疲累不想再走。我就在五寮尖山登山口807路公車合作橋站等車，一個半小時才一班車，我可不想再錯過，4點10分搭上車遂結束今天的行程。

（三）2019 年 8 月 29 日星期四前往三峽區竹崙路、牛角坑產業道路、金敏產業道路、添福路、白雞路、白石鞍產業道路、紫微路開車

我進行三峽田野調查才二次，一次是橫溪流域，另一次是大豹溪流域，但對於當地丘陵與溪流的環境已有初步了解。於是今天規劃的踏查，即是自行開車前往連結這二條溪流的產業道路。如此的計畫一定要開車，因為兜一大圈，丘陵上下起伏不說，整段路程至少有 30 公里，僅靠徒步不可能一天完成。

由於先前有新店田調經驗，所以熟悉安坑地區的道路。事實上今天前半段的路程，還是沿著 779 路公車路線，直到三峽九鬮才從成福路轉入成福橋，進入竹崙路開始新的路線。整個三峽區竹崙里的聚落與道路在《臺灣內山番社地輿全圖》都沒有繪出，但這並不代表竹崙的歷史不重要。我在三峽山區進行田調，很注意一個對象就是有應公廟。有應公廟若是出現在市鎮，論及開發史很可能與清代械鬥、民變有直接關係，這些例子在新莊區所在多有。可是在山區，有很大的原因與原住民下山獵首造成死亡有關。已經訪查過的新店區碧潭萬善同歸堂、新店雙溪口民壯亭、三峽區溪南古先人公祠，都是屬於此類（照片 3-5）。我開車走在竹三橋附

照片 3-5
三峽區竹崙里的萬善同歸堂，從石刻匾額「義保民利」四字來看，應該有功於鄉土而犧牲者，最有可能就是被泰雅族馘首的隘丁。《臺灣內山番社地輿全圖》沒有繪出竹崙里的地名，可是 1896 年臺灣產業調查表的附圖卻有畫出竹坑（溪），樟樹蘊藏是「多」，故此地的伐樟焗腦應是從清末開始，日治初期大加興盛。

近，發現到一座規模頗大的萬善同歸堂，石刻區額「義保民利」四個大字，應該也屬於此類。

之後我開車續行尋找竹崙里六寮與七寮，這二個地名在本書已經討論到，它們並沒有畫在輿圖上。而畫在輿圖上的六寮與七寮，其實是位於三峽區五寮里。竹崙里六寮不容易找到，Google 地圖上的位置也是大概而已，不過七寮地名仍存，位於牛角坑產業道路的中華電信電桿牌子有「七寮幹」字樣。從北 109 縣道（牛角坑產業道路）九公里處，道路從最高點往下坡走，行政區也從竹崙里進入插角里。之後我沿著「北 114 縣道」開車一小段路，從前天路過的金龍橋轉入金敏產業道路。這裡的行政名是金圳里 10 至 12 鄰。我過橋走的時候還不覺有異狀，但不到三分鐘驚覺這是一條很少人使用的產業道路。因為整條柏油路樹葉累積很厚，加上鄰近金敏溪相當潮溼，路面到處有青苔。由於僅有一線道，我心想要是對向有來車，整條路幾乎無法會車。好險這些想法都是多餘，但我必須說連續進行五個月的田調，金敏產業道路是我在新店、烏來、三峽，看見過自然環境最原始的道路。然而我必須要前往的原因，除了金敏在地圖被寫成金阿敏與金阿敏社之外，重點是當地有一所迷你小學——插角國小金敏分校，更加深我的好奇。根據金敏分校人員告知，該校還有學生 80餘人，早年建校的原因與當地煤礦開採熱絡，礦工子弟需要有學校就讀有關（照片 3-6）。

拜訪完金敏分校後，我從湊合橋轉往添福里。十三（添）天這個老地名，在溫振華老師課堂也常被提到。雖然它沒有被畫在輿圖上，但在清末此處也設隘，必須查訪一番。當地行政區屬於添福里，筆直的添福路竟還保有「十三天」字樣熱炒店與檳榔店招牌。最後我在福利橋轉向白雞路，前去尋找白石鞍產業道路。這條產業道路從白雞社區繞著圍牆走，現在

照片 3-6
校地校舍規模小巧可愛的插角國民小學金敏分校，我徵得校方同意入內參觀，印象中是我生平第一個造訪的小學分校。

完全感受不到百年前，這裡也是泰雅族領域的氛圍。最後從白雞路接上紫微路，紫微在興圖被寫成紫薇坑，這是今天田調的最後一站。此時已是下午 3 點 30 分，連續開車七個小時，也該回家休息了。

（四）2019 年 9 月 9 日星期一前往三峽區滿月圓國家森林遊樂區與東滿步道來回

今天是輔仁大學開學第一天，由於星期一我沒有排課，所以我計畫今明兩天再前往三峽進行田野調查，且顧及往返耗時，亦決定今晚投宿當地。我想《臺灣內山番社地輿全圖》涉及新北市山區的部分，只剩下名為「杉胡」的地方還沒去過。此處我考證為今日的滿月圓國家森林遊樂園，若準確的話地圖繪製的一條越嶺道，很可能與東滿步道有關連。不管如何三峽的最深山是此行的目的。

早上 6 點 30 分我從家裡開車出發，選擇走新店安坑通往三峽的道路，再從九圖轉往竹崙，再走牛角坑產業道路通往插角，最後抵達滿月圓。這條路線先前已踏查過，我不選擇走北二高的原因是想避開上班的車潮，沒想到整段車程也要二個小時。入園後與我預期一樣，非例假日遊客很少，可以讓我專心拍照。然而從園區入口，走至遊客中心蓋上漂亮的紀念戳，再走至東滿步道登山口也要一個小時。東滿步道的訊息在網路上不少，但到了園區還是需要詢問當地人士以免萬一。值得一提的是登山口旁的商店——森林小舖，老闆娘待人極為親切。她聽聞我一人獨自行走東滿步道，特別囑咐我下午兩點（最晚三點）不管走到步道哪個地方，一定要折返回到登山口。原來園區工作人員下午五點就下班，屆時大門關起僅留旋轉門；最重要的是九月份太陽下山的早，若超過下午六點還滯留在山區很不安全。熱情的老闆娘還送我兩顆茶葉蛋，我道謝後立即

照片 3-7
東滿步道維護的很好，但部分路段也具有危險，主要是亂入抄近路，或者更想觀賞「原始」美景的遊客很容易迷路。如照片紅色立牌則提醒遊客，沒有周全準備切勿健行東眼步道。左邊棕色立牌是提醒遊客，特定區域是林野保育區禁入。

出發。

這趟東眼步道之旅，進入登山口的時間是早上 9 點 35 分，由於我沿途拍照取景並查看輿圖繪製的道路，所以行走緩慢共花費約四小時，才抵達桃園市復興區東眼山國家森林遊樂區東眼步道另一端登山口（照片 3-7）。過程中我「終於」看到一條活生生的蛇，橫過我前面溜進草叢裡。之前在新店與烏來看的蛇，都是慘遭車子輾斃，沒想到今天看到一條長 2、30 公分的活蛇，心理難免緊張一下。然而整體看來，東滿步道全線路況維持非常的好，可能是起點與終點都屬於國家森林遊樂區的關係，因此在養護上有足夠的經費。此步道從三峽區滿月圓段走到與桃園市復興區霞雲里的交界，海拔從 500 多公尺上升到 1100 多公尺，故前半段的步道以臺階居多。後半段就是從稜線往下走至東眼山登山口，由於是緩坡所以步道以平坦地居多。我想此行最大的收穫，就是走到最高點，也就是前述與霞雲里的交界。我看到東滿步道出現四條岔路，第一條是正南往標高 1727 公尺的北插天山（塔關山），路程 6.3 公里，時間約 210 分鐘。第二條是西南往桃園市復興區義盛里小烏來，路程四公里，時間約 80 分鐘。第三條是南南西往桃園市復興區霞雲里赫威山（神木群），路程三公里，時間約 60 分鐘。第四條是正北往標高 1145 公尺三峽區的拉卡山，路程 0.75 公里，時間約 20 分鐘。對照輿圖所繪道路，最有可能是往小烏來的道路。這不禁讓我「很想」走入這條岔路，可是我想起美鹿山的經驗，這條岔路不是今天的目的，遂決定往北北西的東眼山前進。

下午 1 點 15 分在東眼山段東滿步道入口處折返，我還在附近的的「造林紀念石」拍照留念。回程途中看到三隻大猴子在步道賽跑，往返途中遇到山友十餘名，也算是五個月來山區田調遇到人數最多的一次。很幸運，今天三峽全天晴朗，原來數天下來三峽都是上午晴天、下午大雨。難怪今天整條東滿步道潮濕泥濘。下午 5 點 35 分走出滿月圓登山口，6 點 10

照片 3-8
在三峽區的田野調查過程中，我發現許多臺北市或新北市區難得見到的立牌標誌，整理給讀者做一參考。如：禁用捕獸鋏，表示野生動物頗多，注意毒蜂（虎頭蜂）、蚊子（小黑蚊）、毒蛇、蜈蚣（或者容易對毛毛蟲過敏）。注意蛙類，表示生態保育做的很好。

分走出滿月圓園區大門，結束今天疲憊但收穫滿滿的旅程。（照片 3-8）

（五）2019 年 9 月 10 日星期二前往三峽區蚋仔溪生態步道、熊空至紅河谷登山口、東眼橋與東眼路

昨晚下榻是三峽最高級的大板根溫泉森林酒店，2007 年我進入輔大任教第一學期，校方舉辦的新進教師研習營就已經來過。時光飛逝 12 個年頭，特別為了本研究課題又舊地重遊。早上八點退房後直奔滿月圓，但不是再進入園區，而是前往旁邊的蚋仔溪生態步道。蚋仔，就是蚋仔社的故地，《臺灣內山番社地輿全圖》寫成望則社。蚋仔溪是大豹溪最重要的支流，因為它匯入中坑溪與熊空溪，之後才稱大豹溪（照片 3-9）。此行我原本要尋找中坑溪與蚋仔溪的匯合處，無奈溪岸兩側樹林過於茂密，無緣見到兩溪的合流。停留約一小時我開車轉往熊空，8 月 27 日我已經來到熊空候車亭，當時我詢問居民，熊空至紅河谷越嶺道登山口是否往道路更裡面走去？得到答案是肯定。於是今天開車前往沒有找路浪費時間的問題，沿途我在熊空溪畔空曠處，拍攝到標高 989 公尺加九嶺山全景。這一條熊空至紅河谷越嶺道，就是翻越新北市三峽區與烏來區交界的加九嶺山，既然沒有時間全線踏查，也只能拍照存檔。

車子駛至熊空橋時，發現附近停了一輛汽車與三部機車，我心想這都是來走這麼偏遠的越嶺道嗎？走上熊空橋看到橋下極度清澈的溪水，又看到晴空萬里幾乎沒有一片雲朵，還能遠眺溪谷正前方標高 728 公尺的雙溪山，頓時覺得幸運之神再度眷顧我。然而熊空橋不是登山口，我心裡猶豫該不該前往登山口拍照。因為今天晚上進修部有課程，又是本學期開學第一天上課，如果因為踏查登山口下不了山導致時間延誤，有點得

照片 3-9
蚋仔溪已經整治完成且做好生態步道，照片中的溪流有二種不同的魚梯，讓魚類可以洄游來去蚋仔溪。左側稱全斷面魚道，類似傳統的魚梯，右側像是「溜滑梯」稱改良型舟通式魚道。

照片 3-10
東眼橋，此橋來去連結新北市三峽區與桃園市復興區。不過平日人車稀少，照片的道路正是通往桃園。

不償失。索性不顧一切，先往登山口走去再說。從熊空橋走至登山口，單趟需要 20 分鐘。該路簡言之就是產業道路，水泥地加上碎石子地，地上鋪滿厚厚的落葉，陰暗潮濕處還有一層厚厚的青苔，稍不留意很容易滑倒。走了這麼多輿圖繪出可能是開山撫番的道路，真是每一條越嶺道路況特色全都不一樣。我遇到一位健行的長者，他好心告訴我如果要走熊空與紅河谷越嶺道，必須先打電話至有關單位詢問清楚，主要是之前（蘇迪勒）颱風來襲路面損毀中斷，不一定能從三峽熊空走至烏來紅河谷。我謝謝老先生的好意，不過網路有 2018 年 10 月一支登山隊伍，縱走熊空至紅河谷的訊息。只是過程中極為危險，隨處遇有崩塌或亂石大木阻路，我想不走這一段步道也是正確的選擇。

我在登山口拍照完畢後走回車上，旋前往東眼橋走東眼路，打算去三峽區五寮里五寮（照片 3-10）。這一條路我從來沒有走過，從地圖上看是條通往五寮的捷徑，不料事後竟有意想不到的結果。原來東眼路走到底，最後二公里處二線道變成一線道，我心想如果對向來車駛來，兩車在窄路會車可是一項考驗。而且前往五寮應是往下坡才對，可是怎一直往上坡處走？後來車子開出來我大吃一驚，原來已經抵達桃 119 縣道往東眼山國家森林遊樂區的路口。此時心理七上八下，趕快啟動車子 GPS 衛星導航，才知道往下走就要接上北部橫貫公路。我怎會開到北橫？此時已經接近中午，我趕緊下山，途經佳志部落與志繼部落的路口，以及角板山路口皆無心留戀。直到行抵桃園市大溪區三民，我才鬆了一口氣。時間是下午 12 點半多。遂從十字路口走三民路，轉往三峽區五寮里花草林與五寮。花草林與五寮是文章中另一個重點，幸好今天還有時間開車前往。而且我在五寮國小大門看到「客語魔法學院」六個大字，心想果然是客家鄉親的重要聚落。田野調查至此已全部完畢，我心滿意足開車返回臺北，晚上上課還可以講這些故事給學生們聽。

APPENDIX

註釋

自序

1. 呂思逸，〈畫部落地圖為烏來寫風災歷史〉，《聯合報》（臺北），2015 年 8 月 24 日，B 版大臺北焦點 / 運動；呂思逸，〈烏來老街重建要學習部落智慧〉，《聯合報》（臺北），2015 年 8 月 24 日，B 版大臺北焦點 / 運動；池雅蓉、葉書宏，〈老街共餐生疏鄰居羈絆變深〉，《中國時報》（臺北），2015 年 8 月 13 日，A3 版焦點新聞；歐蜜 · 偉浪、烏杜夫 · 勒巴克，〈一個爐灶一起吃飯〉，《自由時報》（臺北），2018 年 10 月 21 日，A15 版自由廣場；吳志雲，〈烏來泰雅織女考古 · 失傳織紋重現頭飾〉，《聯合晚報》（新北），2019 年 10 月 22 日，B7 版新聞 ing。

上篇 . 地圖解讀

第一章

1. 開山包括屯兵衛、刊林木、焚草萊、通水道、定壤則、招墾戶、給牛種、立村堡、設隘碉、致工商、設官吏、建城郭、設郵驛、置廨署。撫番包括選土目、查番戶、定番業、通語言、禁仇殺、教耕稼、修道塗、給茶鹽、易冠服、設番學、變風俗。至於臺北斗史等社，福建陸路提督羅大春提到北路大南澳生番一語，方知是南澳鄉泰雅族。參閱沈葆楨，《福建臺灣奏摺》（臺北：臺灣銀行，1959 年 2 月），頁 1-2、11-13、32。

2. 許毓良，《清代臺灣的海防》（北京：社會科學文獻出版社，2003 年 7 月），頁 200。

3. 岑毓英，《岑襄勤公奏稿選錄》；摘自諸家，《臺灣關係文獻集零（第二集）》（臺北：臺灣銀行，1972 年 12 月），頁 103、123-125、130。

4. 陳在正，〈臺灣建省方案形成過程的考察〉，《臺灣研究十年》（臺北：博遠出版有限公司，1991 年 11 月），頁 409-440。

5. 劉銘傳，《劉壯肅公奏議（第一冊）》（臺北：臺灣銀行，1958 年 9 月），頁 148。

6. 陳偉智，《伊能嘉矩：臺灣歷史民族誌的展開》（臺北：國立臺灣大學出版中心，2015 年 6 月三刷）；伊能嘉矩著，江慶林等譯，《臺灣文化志（中譯本）下卷》（臺中：臺灣省文獻委員會，1991 年 6 月），頁 182。

7. 許毓良，〈臺灣內山番社地輿全圖考——兼談清末桃園山區的開山撫番（1885-1895）〉，《新眼光——臺灣史研究面面觀》（臺北：稻鄉出版社，2013 年 8 月），頁 101-169。

8. 臺灣總督府警察本署編，陳金田譯，《日據時期原住民行政志稿（原名理蕃志稿 / 1918 年版）第一卷》（南投：臺灣省文獻委員會，1997 年 10 月），頁 2。

9. 伊能嘉矩著，江慶林等譯，《臺灣文化志（中譯本）中卷》（臺中：臺灣省文

10. 伊能嘉矩著，江慶林等譯，《臺灣文化志（中譯本）下卷》，頁 270。

11. 佚名，《臺灣內山番社地輿全圖》，墨印，清光緒年間印本，（北京）中國國家圖書館藏。

12. 郭俊麟主編，郭俊麟、魏德文、鄭安晞、黃清琦著，《臺灣原住民族歷史地圖集導讀指引》（臺北：原住民族委員會，2016 年 4 月），頁 73-75。

13. 魏德文、高傳祺、林春吟、黃清琦，《測量臺灣──日治時期繪製臺灣相關地圖》（臺北：南天書局，2008 年 1 月），頁 121-122。

14. 筆者參考此圖為電腦重新繪圖，請參閱林滿紅，《茶、糖、樟腦業與臺灣之社會經濟變遷（1860-1895）》（臺北：聯經，2001 年 11 月四刷），頁 65。

15. 劉斌雄，〈日本學人之高山族研究〉，《臺灣土著社會文化研究論文集》（臺北：聯經，1998 年 1 月四刷），頁 69-87。

16. 臺灣總督府臨時臺灣舊慣調查會原著，中央研究院民族學研究所編譯，《蕃族調查報告書（第五冊）泰雅族──前篇》（臺北：中央研究院民族學研究所，2012 年 10 月）；臺灣總督府臨時臺灣舊慣調查會原著，中央研究院民族學研究所編譯，《蕃族調查報告書（第七冊）泰雅族──後篇》（臺北：中央研究院民族學研究所，2010 年 12 月）。

17. 臺灣總督府臨時臺灣舊慣調查會原著，中央研究院民族學研究所編譯，《蕃族慣習調查報告書（第一卷）泰雅族》（臺北：中央研究院民族學研究所，1996 年 6 月）。

18. 臨時臺灣舊慣調查會，《臺灣蕃族慣習研究（第一冊至第八冊）》（臺北：南天書局，1995 年 10 月）。

19. 李汝和主修，《臺灣省通志（卷八同冑志第五冊）──泰雅族、賽夏族、布農族篇》（臺中：臺灣省文獻委員會，1972 年 6 月）。

20. 王學新編譯，《日治時期臺北桃園地區原住民史料彙編之一──理蕃政策》（南投：國史館臺灣文獻館，2011 年 12 月）；王學新編譯，《日治時期臺北桃園地區原住民史料彙編之二──蕃地拓殖》（南投：國史館臺灣文獻館，2011 年 12 月）。

21. 曹永和總纂，《日據前期臺灣北部施政紀實──警察篇、政治篇》（臺北：臺北市文獻委員會，1985 年 6 月），頁 56、60-65、209-210、242、250-252。

22. 本書若按警務沿革，應為臺灣總督府警察本署編，但是日治出版卻寫上警務局，這樣的寫法也出現在中譯本。請參閱註8：臺灣總督府警務局，《理蕃志稿（1918 年版／第一卷至第四卷）》（臺北：南天書局，1995 年 10 月）。

23. 臺灣總督府警務局，《高砂族調查書（第一冊至第六冊）》（臺北：南天書局，1994 年 10 月）。

24. 臺灣總督府警務局理蕃課原著，中央研究院民族學研究所編譯，《高砂族調查書──番社概況》（臺北：中央研究院民族學研究所，2011 年 12 月）。

25. 溫振華，〈烏來泰雅族社會經濟變遷（約 1730-1945）〉，《北縣文化》，第 54 期（1997.10），頁 4-14。

26. 溫振華，《清代新店地區社會經濟之變遷》（臺北：臺北縣政府文化局，2000 年 12 月）。

27. 鄭安晞、許維真，《烏來的山與人》（臺北：玉山社，2009 年 10 月）。

28. 鄭安晞，〈日治時期蕃地隘勇線的推進與變遷（1895-1920）〉（臺北：國立政治大學民族學系博士論文，2011 年 6 月）。

29. 洪健榮，〈空間文化意象的重塑：二十世紀前期外來殖民勢力擴張下的三峽大豹社域〉，《輔仁歷史學報》，第 31 期（2013.9），頁 261-324。

30. 江桂珍，《再現傳統的實踐──烏來泰雅族的文化圖像》（臺北：國立歷史博物館，2010 年 8 月）。

第二章

1. 清代擺接最早指的是大漢溪與新店溪夾著的擺接平原，今日的行政地名是新北市板橋、中和、永和、土城區。故泰雅族從中和、土城淺山殺出，對這塊區域的人進行出草。
2. 鄭安晞，〈日治時期蕃地隘勇線的推進與變遷（1895-1920）〉，頁 396；根誌優，《臺灣原住民歷史變遷─泰雅族》（臺北：臺灣原住民出版有限公司，2008 年 9 月），頁 18、47-48、71。
3. 尹章義編纂，《新店市誌》（臺北：新店市誌編纂委員會，1994 年 2 月），頁 118。
4. 佚名，〈潤濟宮建設沿革誌〉，《潤濟宮農民曆》（新北：潤濟宮管理委員會，2018 年 10 月），頁 5。
5. 管委會，《潤濟宮農民曆》（新北：潤濟宮管理委員會，2018 年 10 月），頁 5；財團法人，《太平宮農民曆》（新北：財團法人新店市新店太平宮，2018 年 10 月），頁 3；管委會，《新店日興宮農民曆》（新北：日興宮管理委員會，2018 年 10 月），頁 3。
6. 林玉茹、詹素娟、陳志豪主編，《紫線番界─臺灣田園分別墾禁圖說解讀》（臺北：中央研究院臺灣史研究所，2015 年 12 月），頁 209。
7. 陳培桂，《淡水廳志（第一冊）》（臺北：臺灣銀行，1963 年 8 月），頁 50、85。
8. 許毓良，〈閩南人〉，尋求歷史作標點計畫─臺灣史辭條資料庫建置，教育部，2016 年。
9. 參閱林玉茹，〈導讀──「臺灣田園分別墾禁圖說」與十八世紀末的臺灣〉，《紫線番界─臺灣田園分別墾禁圖說解讀》（臺北：中央研究院臺灣史研究所，2015 年 12 月），頁 15；葉高華編著，蘇峯楠地圖繪製，《十八世紀末御製臺灣原漢界址圖解讀》（臺北：南天書局，2017 年 11 月）。

第二章 .1

1. 新店溪中游的河段，一般看法是從雙溪口至碧潭。參閱夏聖禮，《臺北屈尺道百年巡跡》（臺北：臺北縣文史學會，2008 年 12 月），頁 9。
2. 此處是泰雅族的領域，為鑿通石碇據說有 60 名漢人被獵首。參閱 Camille. Imbault-Huart 著，黎烈文譯，《臺灣島之歷史與地誌》（臺北：臺灣銀行經濟研究室，1958 年 3 月），頁 85。
3. 對此契約內容考證最力，首推尹章義教授。其次是透過田野調查找出今大坪林圳道遺跡的地方文史工作者夏聖禮。參閱尹章義編纂，《新店市誌》，頁 108-115；夏聖禮編著，《新店溪水天上來─瑠公圳新店段與大坪林圳空間歷史書寫》（臺北：街頭巷尾文史工作室，2009 年 12 月），頁 36-38、57-62。
4. 夏聖禮編著，《店仔腳頂的歲月─新店十四張文化資產紀錄與研究》（臺北：臺北縣文史協會，2006 年 12 月），頁 9、22。
5. 溫振華，《清代新店地區社會經濟之變遷》，頁 92-93。
6. 施添福總編纂，《臺灣地名辭書──卷十六臺北縣（上冊）》（南投：國史館臺灣文獻館，2013 年 9 月），頁 1052。

7. 林玉茹、詹素娟、陳志豪主編，《紫線番界——臺灣田園分別墾禁圖說解讀》，頁 209。

8. 雖然小獅山海拔不高，但卻是新店溪的出山口，文學筆下提到「三個小小山尖」，像蹲踞的小獅子。參閱夏聖禮編著，《新店溪水天上來—瑠公圳新店段與大坪林圳空間歷史書寫》，頁 25-26；陳小燕，〈新店溪永遠的守候〉，《一樣的月光》（臺北：唐山出版社，2009 年 11 月），頁 227。

9. 參閱夏獻綸審訂，余寵繪圖監刻，《清光緒四年全臺前後山輿圖》（臺北：南天書局，1997 年 3 月）。

10. 李順仁，《渡過新店溪》（臺北：拳山保文史工作室，2002 年 11 月），頁 63-64。

11. 高賢治編著，《大臺北古契字四集》（臺北：臺北市文獻委員會，2007 年 11 月），頁 444。

12. 高賢治編著，《大臺北古契字二集》（臺北：臺北市文獻委員會，2003 年 12 月），頁 342。

13. 劉克襄，《北臺灣漫遊——不知名山徑指南（1）》（臺北：玉山社，2009 年 4 月四刷），頁 356-360。

第二章 .2

1. 江桂珍，《再現傳統的實踐——烏來泰雅族的文化圖像》，頁 28。

2. 連丁幼主編，《山水烏來泰雅情——臺北縣烏來泰雅民族博物館導覽手冊》（臺北：臺北縣政府文化局，2005 年 7 月），頁 33。

3. 許家華、劉芝芳總編輯，《烏來鄉志》（臺北：烏來鄉公所，2010 年 9 月），頁 19、21。

4. 北部山區還有賽夏族，可是日治時期賽夏族不稱北蕃。參閱森丑之助原著，黃耀東譯，《日據時期本省山地同胞生活狀態圖集（原名臺灣蕃族圖譜 / 1915 年版）》（臺中：臺灣省文獻委員會，1983 年 6 月），頁 4。

5. 森丑之著原著，楊南郡譯註，《生蕃行腳——森丑之助的臺灣探險》（臺北：遠流，2000 年 1 月），頁 580。

6. 宮本延人著，魏桂邦譯，《臺灣的原住民族——以世界觀研究臺灣原住民之作》（臺北：晨星出版社，1998 年 2 月四刷），頁 96。

7. 臺灣總督府臨時臺灣舊慣調查會原著，中央研究院民族學研究所編譯，《蕃族慣習調查報告書（第一卷）泰雅族》，頁 10。

8. 洪敏麟，《臺灣舊地名之沿革（第一冊）》（臺北：臺灣省文獻委員會，1999 年 6 月四版），頁 375；尹章義編纂，《新店市誌》，頁 179。

9. 王學新編譯，《日治時期臺北桃園地區原住民史料彙編之一——理蕃政策》，頁 184。

10. 馬偕（George. Leslie. Mackay）原著，周學普譯，《臺灣六記》（臺北：臺灣銀行經濟研究室，1960 年 1 月），頁 111。

11. 亞維‧布納一行走到大漢溪、淡水河口，再走回新店溪、南勢溪，遂發現塔拉南，只有戰後口述歷史如此敘述。日治時期的口訪皆稱，亞維‧布納一行「直接」翻過山頭，無意間發現塔拉南。但出發地卻眾說紛紜，有謂 Gogan（高岡，桃園市復興區三光里）；臺灣總督府臨時臺灣舊慣調查會原著，中央研究院民族學研究所編譯，《蕃族調查報告書（第七冊）泰雅族——後篇》，頁 15。

12. 張致遠，《泰雅族風情》（臺北：星光出版社，1983 年 3 月），頁 220；德拉楠下盆文化營地，《下盆部落歷史沿革與大事記牆》，新北市烏來區信福路屯

鹿段。

13. 張瑞禎、陳勝榮，《泰雅文化在烏來——社會科鄉土文化教材蒐集與整理》（臺北：臺北縣立烏來國民小學，1989 年 8 月），頁 10-12；文崇一、蕭新煌編著，《烏來鄉志》（臺北：臺北縣烏來鄉公所，1997 年 5 月再版），頁 1。

14. 除清代烏來泰雅族遷徙史外，日治時期亦有桃園山區泰雅族遷徙至烏來的紀錄，如巴圖巴依侯家族建立卡拉模基社、拉告烏黑家族建立的希魯幹社。希魯幹社在清末已出現，卡拉模基社應是在日治才成立。林倩綺總編輯，《藝覽山水——新店溪軸帶》（新北：新北市政府文化局，2011 年 11 月），頁 20。

15. 伊能嘉矩原著，楊南郡譯註，《臺灣踏查日紀（上冊）》（臺北：遠流，2000 年 10 月三刷），頁 71、74。

16. 對於北番圖的研究，參閱鄭安晞，〈日治時期臺灣的山地探險與測量〉，《臺灣原住民族歷史地圖集導讀指引》（臺北：原住民族委員會，2016 年 4 月），頁 98-99。

17. 今天石碇區的後坑仔在北勢溪的南方。事實上從圖六來看，在今後坑仔溪附近，就有一個地名「後坑仔口」，它已經位於北勢溪的南方。因此筆者推測，「後坑仔」這個地名，也可能搬過家。然而圖六所繪後坑仔口，今天已經沉沒於翡翠水庫底下。

18. 王學新編譯，《日治時期臺北桃園地區原住民史料彙編之二——蕃地拓殖》，頁 67。

19. 許家華、劉芝芳編，《烏來鄉志》（臺北：烏來鄉公所，2010 年 9 月），頁 20。

20. 洪敏麟，《臺灣舊地名之沿革（第一冊）》，頁 375。

21. 施添福總編纂，《臺灣地名辭書——卷十六臺北縣（上冊）》，頁 1209。

22. 臺灣總督府警務局理蕃課原著，中央研究院民族學研究所編譯，《高砂族調查書——番社概況》，頁 37。

23. 陳盈卉，《烏來·坪林》（臺北：小知堂文化，1999 年 7 月），頁 75。

24. 瓦歷斯·諾幹、余光弘，《臺灣原住民史——泰雅族史篇》（南投：國史館臺灣文獻館，2002 年 12 月），頁 81。

25. 針對這個問題，筆者提出自己的看法，也有可能清代中葉，茶墾社泰雅族人先遷徙到「舊ラガ社」（今孝義里），這就是傳說中亞維·布納第三兒子巴亞斯（Payas）的故事。之後族人從該社再遷徙到大桶山西方山腹（今忠治里），或許與第四兒子沙波（Sappo）的後代合併，也或許沙波的後代早就遷至烏來山（烏來里，圖一的大舌社），大桶山的地盤讓給巴亞斯後代。到了日治初期，住在大桶山西方山腹的族人，再遷徙至「ラガ社」（今孝義里），因此 1908 年伊能嘉矩調查時，在地圖上就畫出二個ラガ社。

26. 簡俱璞、張榕容主編，《烏來泰雅漁獵記》（臺北：臺北縣風景特定區管理所，2006 年 12 月），頁 18-19。

27. 黃育智，《臺灣古道地圖》（臺中：晨星，2012 年 8 月），頁 132-133。

28. 宋神財（Alow·Hola）編著，《時代與遭遇——南勢溪流域泰雅部落文化紀錄與研究》（新北：新北市文史學會，2013 年 12 月），頁 114。

29. 施添福總編纂，《臺灣地名辭書——卷十六臺北縣（上冊）》，頁 1207。

30. 許家華、劉芝芳總編輯，《烏來鄉志》，頁 2。

31. 陳盈卉，《烏來·坪林》，頁 75。

32. 臺灣總督府警務局理蕃課原著，中央研究院民族學研究所編譯，《高砂族調查書——番社概況》，頁 38。

33. 宋神財（Alow·Hola）編著，《時代與遭遇——南勢溪流域泰雅部落文化紀錄

與研究》，頁 167、182。

34. 陳盈卉，《烏來・坪林》，頁 75；臺灣總督府警務局理蕃課原著，中央研究院民族學研究所編譯，《高砂族調查書——番社概況》，頁 38。

35. 樟樹溪的北側有二座山都有可能是枋山，一是筆者認為的美鹿山，另一是標高1118 公尺的拔刀爾山。然而拔刀爾山被排除替的主因，則是它的位置較偏三峽，不符地圖路徑。

36. 施添福總編纂，《臺灣地名辭書——卷十六臺北縣（上冊）》，頁 1214。

37. 瓦歷斯・諾幹、余光弘，《臺灣原住民史——泰雅族史篇》，頁 81。

38. 洪敏麟，《臺灣舊地名之沿革（第一冊）》，頁 376。

39. 參閱文崇一、蕭新煌編著，《烏來鄉志》，頁 3。

40. 瓦歷斯・諾幹、余光弘，《臺灣原住民史——泰雅族史篇》，頁 82；洪敏麟，《臺灣舊地名之沿革（第一冊）》，頁 376。

41. 臺灣總督府警務局理蕃課原著，中央研究院民族學研究所編譯，《高砂族調查書——番社概況》，頁 40。

42. 1980 年代末札孔溪一帶還為臺灣黑熊（狗熊）盤踞之區，參閱葉春暉，《臺灣溪流釣場探祕——淡水河系南勢溪（上輯）》（臺北：民生報社，1987 年 12 月），頁 101。

43. 簡俱璞、張榕容主編，《烏來泰雅漁獵記》，頁 18-19。

44. 李易昌、王柔婷、魏莨伊、王長鼎，〈烏來重創屋毀樹倒馬路被沖斷〉，《聯合報》（臺北），2015 年 8 月 10 日，A3 版焦點；本社，〈搶救烏來 100 人失聯 2100 人受困特種部隊搜救〉，《臺灣時報》（臺北），2015 年 8 月 10 日，第 1 版要聞；葉書宏、池雅蓉、郭吉銓、李明賢，〈烏來宛如孤島 2100 人受困百人失聯〉，《中國時報》（臺北），2015 年 8 月 10 日，A1 版要聞；葉書宏、孟祥傑，〈雨再襲往烏來的路通了又塌〉，《中國時報》（台北），2015 年 8 月 11 日，A3 版蘇迪勒過後前進烏來；張安蕎、吳仁捷、曾健銘、黃捷，〈烏來聯外新烏路今恢復通車〉，《自由時報》（臺北），2015 年 8 月 12 日，A4 版蘇迪勒 88 虐臺；劉力仁，〈利奇馬來襲各地累積雨量表〉，《自由時報》（臺北），2019 年 8 月 10 日，A3 版焦點新聞。

第二章 .3

1. 王林生編著，《烏來》（臺中：三九出版社，1997 年 2 月），頁 36-37。

2. 王一婷編著，《臺灣的古道》（臺北：遠足文化，2002 年 5 月），頁 48-49。

3. 張致遠，《泰雅族風情》（臺北：星光出版社，1983 年 3 月），頁 72、222。

4. 陳盈卉，《烏來・坪林》（臺北：小知堂文化，1999 年 7 月），頁 103-104。

5. 劉銘傳，《劉壯肅公奏議（第二冊）》（臺北：臺灣銀行，1958 年 9 月），頁 199-201；劉銘傳，《劉壯肅公奏議（第三冊）》（臺北：臺灣銀行，1958 年 9 月），頁 444。

6. 此道清末稱淡蘭便道、木馬路，日治稱陸軍道、跑馬路，今稱跑馬古道。參閱林煙庭，《臺灣古道特輯》（臺北：國民旅遊出版社，1999 年 12 月），頁 63-73。

7. 日治後期曾出版「臺北州蕃地里程表」地圖，並無繪製這一條道路。再者里程表地圖的路線，完全與清末道路不同，因此也不能與《臺灣內山番社地輿全圖》對照。參閱臺灣總督府警務局，《臺北州蕃地里程表》（臺北：臺灣日日新報，1935 年 12 月）。

8. 農林航空測量隊，《測量隊調查報告第十二號——烏來事業區森林資源》（南

投：臺灣省農林航空測量隊，1962 年 4 月），頁 7。

9. 本文對於外粗坑、鴉鵲窩、崩山、內粗坑、石角輋、射獵、模故山、拉拉山地名的考證，皆由國立彰化師範大學歷史學研究所碩士班李維漢先生，運用 GIS 技術並透過日治初期「臺灣蕃地地形圖」比對，才能找到相對位置，僅此致謝。

10. 伊能嘉矩著，江慶林等譯，《臺灣文化志（中譯本）下卷》，頁 181。

11. 劉銘傳，《劉壯肅公奏議（第二冊）》，頁 231-232。

12. 此道穿越哈盆盆地，迄今保持原始狀態，遂有臺灣亞馬遜之稱。日治時期做為警備道之用，並要求泰雅族人替道路砌石，讓馬可以馳騁無阻。今日所謂哈盆越嶺道，若稱中嶺越嶺道，則是從哈盆往南，穿越標高 1059 公尺的中嶺山，抵達宜蘭縣大同鄉崙埤村。參閱圖八卡拉モチ至松羅溪：簡福正等編審，《烏來導覽手冊》（臺北：烏來鄉公所，2008 年 12 月二版），頁 112-115。

13. 黃育智（TONY），《臺灣古道地圖（北部篇）》（臺中：晨星出版，2012 年 8 月），頁 136。

14. 臺灣總督府警務局理蕃課原著，中央研究院民族學研究所編譯，《高砂族調查書──番社概況》，頁 53；許毓良，〈臺灣內山番社地輿全圖考──兼談清末桃園山區的開山撫番（1885-1895）〉，《新眼光──臺灣史研究面面觀》，頁 120。

15. 即便到了日治時期，塔拉南社還是有二次遷移，第二次遷徙所坐落的地點就是現址。參閱宋神財（Alow‧Hola）編著，《時代與遭遇──南勢溪流域泰雅部落文化紀錄與研究》，頁 54。

16. 葉春暉，《臺灣溪流釣場探秘（3）──南勢溪上輯》（臺北：民生報社，1987 年 12 月），頁 5-6、10。

17. 林煙庭，《臺灣古道特輯》，頁 80-87。

18. 臺灣總督府警務局理蕃課原著，中央研究院民族學研究所編譯，《高砂族調查書──番社概況》，頁 53；許毓良，〈臺灣內山番社地輿全圖考──兼談清末桃園山區的開山撫番（1885-1895）〉，《新眼光──臺灣史研究面面觀》，頁 121。

19. 宋神財（Alow‧Hola）編著，《時代與遭遇──南勢溪流域泰雅部落文化紀錄與研究》，頁 54。

20. 紅檜與扁柏泰雅人的稱法都是「松羅」。參閱洪敏麟，《臺灣舊地名之沿革（第一冊）》，頁 460；根誌優，《臺灣原住民歷史變遷──泰雅族》，頁 417；林鴻忠、李文綾主編，《太平山的故事──口述林業史 1915~2006》（羅東：行政院農業委員會林務局羅東林區管理處，2007 年 6 月），頁 216。

21. 簡福正等編審，《烏來導覽手冊》（臺北：烏來鄉公所，2008 年 12 月二版），頁 127。

22. 黃育智（TONY），《臺灣古道地圖（北部篇）》，頁 132-135。

23. 宋神財（Alow‧Hola）編著，《時代與遭遇──南勢溪流域泰雅部落文化紀錄與研究》，頁 82。

24. 現在從烏來往返信賢的道路信福路，都是沿著南勢溪中游而走，這是日治時期開闢的臺車道。但從圖一來看清末烏來（湯裡）往返信賢（內枋山），則是穿越崇山而至。

25. 簡福正等編審，《烏來導覽手冊》，頁 133。

26. 2019 年 8 月 13 日筆者田野調查在烏來區烏來里烏來街拍攝烏來溫泉標章說明文字。

27. 參閱夏聖禮，《臺北屈尺道──百年尋跡》（臺北：臺北縣文史學會，2008 年 12 月）。

28. Camille. Imbault-Huart，黎烈文譯，《臺灣島之歷史與地誌》，頁 131-7。

29. 講到打獵，現今烏來山區最常見的動物，數量多寡依序為猴子、飛鼠、山羌、
山豬、山羊。不過烏來泰雅族不獵捕猴子、飛鼠，較常狩獵對象是山豬與山羌。
參閱簡俱璞、張榕容主編，《烏來泰雅漁獵記》，頁 102。

30. 臨時臺灣舊慣調查會，《臺灣蕃族慣習研究（第二冊 /1921 年版）》（臺北：
南天書局，1995 年 10 月），頁 124-125。

第三章

1. 洪敏麟，《臺灣舊地名之沿革（第一冊）》，頁 290。

2. 在乾隆四十七年（1782）福安埔成為漢人聚落，名為福安莊。參閱柯志明，《番
頭家——清代臺灣族群政治與熟番地權》（臺北：中央研究院社會學研究所，
2001 年 3 月），頁 193；高賢治編著，《大臺北古契字二集》，頁 483。

3. 最慢在嘉慶二十一年（1816）十三添成為漢人聚落，名為十三添莊。林玉茹、
詹素娟、陳志豪主編，《紫線番界——臺灣田園分別墾禁圖說解讀》，頁 194-
205；高賢治編著，《大臺北古契字二集》，頁 490。

4. 其實不只今新北三峽的養贍地，今桃園龍潭的養贍地往內山推進範圍也不大。
當時龍潭的養贍地分布在黃泥塘（黃唐里）、四方林（上林里）、淮仔埔（佳
安里）、山坑仔（三坑里）、馬陵埔（三林里）、武陵埔（三林里）。這些地
名對照乾隆四十九年土牛紫線定界的範圍，全都是番界以西的地名。參閱柯志
明，《番頭家——清代臺灣族群政治與熟番地權》，頁 262；林玉茹、詹素娟、
陳志豪主編，《紫線番界——臺灣田園分別墾禁圖說解讀》，頁 195。

5. 王明義纂，《三峽鎮志》（臺北：三峽鎮公所，1993 年 6 月），頁 496-512。

6. 許毓良，《清代臺灣軍事與社會》（北京：九州出版社，2008 年 11 月），頁
324-325。

7. 陳培桂，《淡水廳志（第一冊）》，頁 49、85。

第三章 .1

1. 高賢治編著，《大臺北古契字集》（臺北：臺北市文獻委員會，2002 年 12 月），
頁 467；高賢治編著，《大臺北古契字二集》，頁 490；陳培桂，《淡水廳志（第
一冊）》，頁 60-61。

2. 高賢治編著，《大臺北古契字集》，頁 471。

3. 本文討論三峽溪流域的這些地名，都是首次被繪製在清代地圖上，。

4. 高賢治編著，《大臺北古契字二集》，頁 507。

5. 廖倫光，《大漢溪流域的三峽莊》（臺北：行政院客家委員會，2005 年 12 月
再版），頁 21、26、34、61。

6. 從新店歷史脈絡來看，當年腦丁都是客家人，而三峽的歷史應該也是。參閱夏
聖禮編著，《村光乍現——新店溪中上游山區產業生活紀實》（臺北：臺北縣
文史學會，2010 年 11 月），頁 126。

7. 五寮溪流域到了日治初期仍被劃為「蕃地」，直到 1932 年始由海山郡蕃地編
入三峽庄。參閱王明義總纂，《三峽鎮志》，頁 508。

8. 高賢治編著，《大臺北古契字二集》，頁 502。

9. 清末臺灣土匪犯案以擄人勒贖居多，對象不分男女，惟付贖款即放人，但婦女
有失節情事。參閱馬偕（George.Leslie.Mackay）原著，周學普譯，《臺灣六記》，
頁 85；臺灣慣習研究會原著，程大學等編譯，《臺灣慣習紀事（第壹卷上）》中

譯本》（臺中：臺灣省文獻委員會，1984 年 6 月），頁 21。

10. 施添福總編纂，《臺灣地名辭書——卷十六臺北縣（上冊）》，頁 872。

11. 1896 年臺灣總督府民政局殖產部臺灣產業調查表的附圖雖然重要，但也有畫錯之處。竹坑下方的「分水崙」，正確位置比較靠近土地公坑（今名福德坑）。

12. 林炯任，《藍金傳奇——三角湧染的黃金歲月》（臺北：臺灣書房，2008 年 12 月），頁 36-37、70-73。

13. 許毓良，〈劉銘傳〉，尋求歷史作標點計畫——臺灣史辭條資料庫建置，教育部，2016 年。

第三章 .2

1. 臺灣總督府臨時臺灣舊慣調查會原著，中央研究院民族學研究所編譯，《蕃族慣習調查報告書（第一卷）泰雅族》，頁 13-14。

2. 桃園廳編纂，《桃園廳志》（桃園：桃園廳，1906 年 5 月），頁 251。

3. 海山郡教育會，《我們的海山（1934 年版）》；摘自陳存良譯，《文山‧海山郡彙編（下）》（臺北：臺北縣政府文化局，2001 年 12 月），頁 638。

4. 劉銘傳，《劉壯肅公奏議（第二冊）》，頁 222。

5. 傅琪貽、戴肇洋，《原住民重大歷史事件—大嵙崁事件（1885~1910）》（臺北：財團法人臺灣綜合研究院，2003 年 11 月），頁 5-6。

6. 許毓良，〈臺灣內山番社地輿全圖考－兼談清末桃園山區的開山撫番（1885-1895）〉，《新眼光—臺灣史研究面面觀》，頁 122。

7. 張致遠，《泰雅族風情》，頁 78。

8. 根誌優，《臺灣原住民歷史變遷—泰雅族》，頁 65。

9. 桃園廳編纂，《桃園廳志》頁 294。

10. 黑帶巴彥，《泰雅人的生活型態探源—一個泰雅人的現身說法》（新竹：新竹縣文化局，2002 年 3 月），頁 23-27。

11. 的確在日治初期一些泛論書籍，會提到泰雅族的組織是總土目—土目—番丁—番婦四個階級。參閱甲斐鷹丸，《臺灣北部番人蕃地一斑》（東京：遺澤堂，1903 年 12 月），頁 22。

12. 廖守臣，《泰雅族的社會組織》（花蓮：慈濟醫學暨人文社會學院，1998 年 8 月），頁 50-58。

13. 李汝和主修，《臺灣省通志（卷八同胄志第五冊）—泰雅族、賽夏族、布農族篇》，頁 18-19。

14. 泰雅族頭目是否有世襲的傳統，日治調查研究成果不一。參閱李汝和主修，《臺灣省通志（卷八同胄志第五冊）—泰雅族、賽夏族、布農族篇》，頁 18；臺灣總督府警務局理蕃課原著，中央研究院民族學研究所編譯，《高砂族調查書—番社概況》，頁 549。

15. 廖守臣，《泰雅族的社會組織》，頁 28；李汝和主修，《臺灣省通志（卷八同胄志第五冊）—泰雅族、賽夏族、布農族篇》，頁 19-20。

16. 桃園廳編纂，《桃園廳志》頁 252。

17. 臺灣總督府臨時臺灣舊慣調查會原著，中央研究院民族學研究所編譯，《蕃族慣習調查報告書（第一卷）泰雅族》，頁 264。

18. 廖守臣，《泰雅族的社會組織》，頁 232-233。

19. 洪敏麟，《臺灣舊地名之沿革（第一冊）》，頁 294。

20. 廖倫光，《大漢溪流域的三峽莊》，頁 96。。

21. 施添福總編纂，《臺灣地名辭書—卷十六臺北縣（上冊）》，頁 859。

22. 筆者的學生康志修先生，現為三峽區最高級的旅館——插角里大板根溫泉森林酒店藝術部經理，曾經告訴我大板根酒店的現址，之前就是原住民的部落。或許現在大板根的位置，就是插角社的故地。

23. 臺灣總督府警察本署編，陳金田譯，《日據時期原住民行政志稿（原名理蕃志稿／1918年版）第一卷》，頁751。

24. 臺灣總督府警察本署編，陳金田譯，《日據時期原住民行政志稿（原名理蕃志稿／1918年版）第一卷》，頁751；王學新編譯，《日治時期臺北桃園地區原住民史料彙編之一——理蕃政策》，頁47。

25. 均堯板社今屬桃園市復興區羅浮里拉號部落，外合吻社今屬復興區澤仁里合脂部落，大熱社今屬復興區義盛里烏來部落，內、外角板山社今屬復興區三民里角板山部落，豎角排社今三民里角板山部落。參閱許毓良，〈臺灣內山番社地輿全圖考—兼談清末桃園山區的開山撫番（1885-1895）〉，《新眼光—臺灣史研究面面觀》，頁120。

26. 王學新編譯，《日治時期臺北桃園地區原住民史料彙編之一——理蕃政策》，頁1-2、234、280-281。

27. 王學新編譯，《日治時期臺北桃園地區原住民史料彙編之一——理蕃政策》，頁47。

28. 筆者認為圖一把大豹溪繪製過於簡單，整條溪流平直接上三峽溪，亦沒有繪製支流相當不利考證，反而各番社「依託」的山頭成為考證的根據。

29. 王明義總纂，《三峽鎮志》，頁405、508。

30. 廖倫光，《大漢溪流域的三峽莊》，頁17、77、85。.

31. 宋神財（Alow‧Hola）編著，《時代與遭遇—南勢溪流域泰雅部落文化紀錄與研究》，頁178、181。

32. 「花草藍」地名在所有公開史料中，除了《臺灣內山番社地輿全圖》繪出外，僅在1897年有田正盛技師巡迴臺北縣轄內大嵙崁地方覆命書中出現。不過今三峽區五寮里有一個地名——花草林，它與花草藍社很像，但筆者認為兩者沒有關係的原因，則是花草藍很清楚繪於大豹溪上游，行政區是有木里，絕不可能是五寮里（圖一六寮、七寮處）。另外，花草藍與花草林二者地名典故，應該與清末曾種植靛菁有關。參閱王學新編譯，《日治時期臺北桃園地區原住民史料彙編之一——理蕃政策》，頁275。

33. 王學新編譯，《日治時期臺北桃園地區原住民史料彙編之一——理蕃政策》，頁47。

34. 王學新編譯，《日治時期臺北桃園地區原住民史料彙編之一——理蕃政策》，頁158-161。

第四章

1. 臺灣銀行經濟研究室編，《臺灣經濟史六集》（臺北：臺灣銀行，1957年9月），頁62。

2, James.Wheeler.Davidson著，蔡啟恆譯，《臺灣之過去與現在（第一冊）》（臺北：臺灣銀行，1957年9月），頁180。

3. 1868至1895年根據海關資料，茶、糖、樟腦的出口總值，共佔同時期臺灣出口總值約94%，依序分別為茶53.49%、糖36.22%、樟腦3.93%，較第四大出口品——煤1.58%為大。參閱林滿紅，《茶、糖、樟腦業與臺灣之社會經濟變遷（1860-1895）》，頁2。

第四章 .1

1. 許毓良，〈樟腦戰爭（安平事件）〉，尋求歷史作標點計畫——臺灣史辭條資料庫建置，教育部，2016 年。

2. 吳密察主編，《淡新檔案（八）——行政編、建設類：鹽務、樟腦》（臺北：國立臺灣大學圖書館，2001 年 6 月），頁 374。

3. 吳密察主編，《淡新檔案（八）——行政編、建設類：鹽務、樟腦》，頁 382、386。

4. 臺灣銀行經濟研究室編，《臺灣經濟史六集》，頁 90。

5. 蔣師轍，《臺灣通志（第二冊）》（臺北：臺灣銀行，1962 年 5 月），頁 259。

6. 周憲文，《清代臺灣經濟史》（臺北：臺灣銀行，1957 年 3 月），頁 42。

7. 吳密察編，《淡新檔案（八）——行政編、建設類：鹽務、樟腦》，頁 374。

8. 各地腦務局以每擔 8 元收購，轉賣給包商每擔以 12 元計，腦務局每擔獲利 4 元。參閱周憲文，《清代臺灣經濟史》，頁 43、89。

9. 林滿紅，《茶、糖、樟腦業與臺灣之社會經濟變遷（1860-1895）》，頁 129。

10. 臺北府腦務總局設立的時間，臺灣通志內容前後矛盾，有謂光緒十二年，亦有謂光緒十三年。本文認為是光緒十二年之因，在於該志對於當年敘述較為詳盡，非僅光緒十三年一個年代記錄而已。參閱蔣師轍，《臺灣通志（第二冊）》，頁 259-260；周憲文，《清代臺灣經濟史》，頁 44。

11. 王明義總纂，《三峽鎮志》，頁 131-132；林炯任，《藍金傳奇——三角湧染的黃金歲月》，頁 65。

12. 周憲文，《清代臺灣經濟史》，頁 43。

13. 許毓良，〈撫墾局〉，尋求歷史作標點計畫——臺灣史辭條資料庫建置，教育部，2016 年。

13. 王學新編譯，《日治時期臺北桃園地區原住民史料彙編之一——理蕃政策》，頁 232；唐贊袞，《臺陽見聞錄》（臺北：臺灣銀行，1958 年 11 月），頁 51。

14. 王學新編譯，《日治時期臺北桃園地區原住民史料彙編之二——蕃地拓殖》，頁 166。

15. 這或許是少數變通個案也說不定，因為臺南府知府唐贊袞曾提到撫墾局在制度上，需令墾民出資開溝導川灌溉農田，並准照民間收租章程抽收水租。參閱唐贊袞，《臺陽見聞錄》，頁 51。

16. 王學新編譯，《日治時期臺北桃園地區原住民史料彙編之一——理蕃政策》，頁 321。

17. 王明義總纂，《三峽鎮志》，頁 402。

18. 其中八結地名猶存，但更名為百吉，今屬桃園市大溪區復興里。參閱王學新編譯，《日治時期臺北桃園地區原住民史料彙編之一——理蕃政策》，頁 278。

19. 王學新編譯，《日治時期臺北桃園地區原住民史料彙編之二——蕃地拓殖》，頁 425、433。

20. 林炯任，《藍金傳奇——三角湧染的黃金歲月》，頁 40。

21. 高賢治編著，《大臺北古契字二集》，頁 446。

22. 其實總督府公文類纂針對此案，並沒有明確指出原野開墾申請是哪一塊土地。筆者之所以認為是平廣溪流域，主因是該案遭受駁回，最重要的理由除了逼進泰雅族領地外，就是土匪出沒嚴重。「土匪」即是抗日游擊隊，他們的根據地就位於獅頭山，也在今新店區廣興里。

23. 王學新編譯，《日治時期臺北桃園地區原住民史料彙編之二——蕃地拓殖》，頁 47。

24. 郭雪月總編，黃昭琴、劉家齊撰文，《大台北後花園——泰雅族的故鄉：烏來》（臺北：臺北縣政府建設局觀光課，1997 年 12 月），頁 33。

25. 莊華堂編著，《百年暗坑史話——安坑文史與土匪窩的故事》（臺北：採茶文史工作室，2003 年 2 月），頁 69。

26. 王學新編譯，《日治時期臺北桃園地區原住民史料彙編之二——蕃地拓殖》，頁 62。

27. 雞籠文史協進會編纂，《增修新店市志》（臺北：臺北縣新店市公所，2000 年 2 月），頁 110、475。

28. Camille. Imbault-Huart 著，黎烈文譯，《臺灣島之歷史與地誌》，頁 88；James. Wheeler. Davidson 著，蔡啟恆譯，《臺灣之過去與現在（第二冊）》（臺北：臺灣銀行，1957 年 9 月），頁 288。

29. James. Wheeler. Davidson 著，蔡啟恆譯，《臺灣之過去與現在（第二冊）》，頁 288。

30. 馬偕（George. Leslie. Mackay）原著，周學普譯，《臺灣六記》，頁 73。

31. 夏聖禮編著，《村光乍現——新店溪中上游山區產業生活紀實》（臺北：臺北縣文史學會，2010 年 11 月），頁 71。

32. 陳茂泰編著，《臺北縣烏來鄉泰雅族耆老口述歷史》（臺北：臺北縣政府文化局，2001 年 4 月），頁 10。

33. 王學新編譯，《日治時期臺北桃園地區原住民史料彙編之一——理蕃政策》，頁 2-3。

34. James. Wheeler. Davidson 著，蔡啟恆譯，《臺灣之過去與現在（第二冊）》，頁 289、293。

35. 中央社新北訊，〈相約烏來泡湯趣‧家中毛小孩共享溫馨〉，《臺灣時報》（臺北），2017 年 11 月 3 日，第 12 版旅遊。

36. 王筱君，〈烏來微旅行‧遠離塵囂享能靜〉，《聯合報》（臺北），2016 年 2 月 4 日，C8 版旅遊休閒。

37. 陳彥豪，〈新北烏來森呼吸〉，《蘋果日報》（臺北），2019 年 6 月 26 日，E1 版蘋果副刊旅遊趣。

38. 陳志東，〈珠蔥‧吃一口春天的滋味〉，《中國時報》（臺北），2017 年 2 月 18 日，C4 版有滋有味。

39. 王揚傑，〈烏來桂竹筍‧邀大家來嘗鮮〉，《中國時報》（臺北），2016 年 2 月 4 日，A13 版北部新聞。

40. 杜德義，〈烏來福山部落悠遊行體驗泰雅文化〉，《臺灣時報》（臺北），2018 年 6 月 15 日，第 13 版大臺北焦點。

41. 陳珮琦，〈福山打造藝術村賣獵人便當〉，《聯合報》（臺北），2017 年 1 月 3 日，B2 版全臺要聞；陳珮琦，〈烏來春小旅來當泰雅弓箭手〉，《聯合報》（臺北），2016 年 3 月 16 日，B2 版北市要聞。

42. 陳志仁，〈烏來泰雅文化季盼重振觀光〉，《臺灣時報》（臺北），2018 年 6 月 15 日，第 12 版北北桃綜合。

43. 徐定遠、張明哲、韓博文，〈烏來泰雅族編織‧針織女王結合文化首選臺灣〉，《旺來報》（臺北），2019 年 1 月 27 日，C1 版伊林 X 設計師的時尚伸展台。

第四章 .2

1. 臺灣銀行經濟研究室編，《臺灣經濟史六集》，頁 62。

2. 森丑之著原著，楊南郡譯註，《生蕃行腳——森丑之助的臺灣探險》，頁 576-578。

3. 森丑之助原著，黃耀東譯，《日據時期本省山地同胞生活狀況圖集》（臺中：臺灣省文獻委員會，1983 年 6 月），頁 11。

4. 臨時臺灣舊慣調查會，《臺灣蕃族慣習研究（第一冊）》（臺北：南天書局，1995 年 10 月），頁 17。

5. 鈴木質原著，林川夫審訂，《臺灣蕃人風俗誌》（臺北：武稜出版，1998 年 11 月三刷），頁 181。

6. 許毓良，《清代臺灣軍事與社會》（北京：九州出版社，2008 年 11 月），頁 195、208。

7. 馬偕（George. Leslie. Mackay）原著，周學普譯，《臺灣六記》，頁 116。

8. 宮本延人著，魏桂邦譯，《臺灣的原住民族——以世界觀研究臺灣原住民之作》，頁 8、118-120。

9. 劉銘傳，《劉壯肅公奏議（第二冊）》，頁 203。

10. 王學新編譯，《日治時期臺北桃園地區原住民史料彙編之二——蕃地拓殖》，頁 58。

11. 劉銘傳，《劉壯肅公奏議（第二冊）》，頁 199-200。

12. 王學新編譯，《日治時期臺北桃園地區原住民史料彙編之一——理蕃政策》，頁 286-288。

13. 委員會，《農民曆》（新北：廣興長福巖清水祖師廟委員會，2017 年 10 月），頁 1。

14. 許毓良，〈臺灣內山番社地輿全圖考——兼談清末桃園山區的開山撫番（1885-1895）〉，《新眼光——臺灣史研究面面觀》，頁 133-135。

15. 許毓良，〈臺灣內山番社地輿全圖考——兼談清末桃園山區的開山撫番（1885-1895）〉，《新眼光——臺灣史研究面面觀》，頁 138-139。

16. 三峽區有木里有一個地名日「大營」，位於有木國小後方山坡地，相傳是開山撫番時期，官軍為攻打大豹社而紮營在此，或許就是與該役有關。參閱施添福總編纂，《臺灣地名辭書——卷十六臺北縣（上冊）》，頁 863。

17. 劉銘傳，《劉壯肅公奏議（第二冊）》，頁 230-231。

18. 第一次歷時最久的戰爭，則是雍正九年十二月至十年十一月（1732.1-12）中部熟番事件。參閱許毓良，〈光緒朝大嵙崁戰爭〉，尋求歷史作標點計畫——臺灣史辭條資料庫建置，教育部，2016 年。

19. 清代臺灣官員常會在公文中，隱瞞實情文過飾非，以期能減輕自己的罪責。該案被殺隘勇或許是二十餘人，但被殺的腦丁在外國人的記錄中，竟高達百名之多。參閱 James.Wheeler.Davidson 著，蔡啟恆譯，《臺灣之過去與現在（第二冊）》，頁 281。

20. 許毓良，〈邵友濂〉，尋求歷史作標點計畫——臺灣史辭條資料庫建置，教育部，2016 年。

第五章

1. 劉銘傳，《劉壯肅公奏議（第一冊）》，頁 156。

2. 劉銘傳，《劉壯肅公奏議（第二冊）》，頁 206。

3. 唐贊袞，《臺陽見聞錄》，頁 24。

照片資料來源

上篇．地圖解讀

- 照片 1-1　2014 年 5 月 12 日筆者拍攝於鳳山雙慈亭
- 照片 1-2　摘自於陳宗仁，《晚清臺灣番俗圖》（臺北：中央研究院臺灣史研究所暨中央研究院數位文化中心，2013 年 8 月），頁 8-18。
- 照片 1-3　2017 年 8 月 18 日筆者拍攝於羅東樟仔園文化園區
- 照片 1-4　2019 年 6 月 21 日筆者拍攝於烏來區烏來里烏來街
- 照片 1-5　此紀念幣圖文在 2011 年由行政院原住民族委員會審訂，並由中央造幣廠承鑄，再由中央銀行發行，現由筆者收藏一套；部分解說文字參閱陳宗仁，《晚清臺灣番俗圖》（臺北：中央研究院臺灣史研究所暨中央研究院數位文化中心，2013 年 8 月），頁 62-63。
- 照片 1-6　明信片由筆者收藏；部分解說文字參閱森丑之助原著，楊南郡譯著，《生蕃行腳——森丑之助的臺灣探險》（臺北：遠流出版事業，2000 年 1 月），頁 108、127。
- 照片 1-7　2019 年 9 月 22 日筆者拍攝於臺北市中正區南昌路國立臺灣博物館南門園區
- 照片 1-8　2019 年 7 月 7 日筆者拍攝於新店區塗潭里獅仔頭山
- 照片 1-9　2019 年 2 月 17 日筆者拍攝於臺中市霧峰區霧峰林家宮保第建築群落園區
- 照片 2-1　2019 年 5 月 10 日筆者拍攝於新店區安康路三段潤濟宮
- 照片 2-2　2019 年 5 月 12 日筆者拍攝於新店區太平路太平宮
- 照片 2-3　2019 年 5 月 13 日筆者拍攝於三峽區安坑路安坑候車亭
- 照片 2-4　2019 年 5 月 10 日筆者拍攝於新店區安康路三段日興宮
- 照片 2-5　2009 年 6 月 27 日筆者拍攝於新竹縣新埔鎮義民路三段 156 巷
- 照片 2-6　2009 年 8 月 5 日筆者拍攝於新店區新店路 65 號開天宮
- 照片 2-7　2019 年 5 月 14 日筆者拍攝於新店區碧潭和美山
- 照片 2-8　2019 年 6 月 5 日筆者拍攝於新店區新烏路下龜山橋頭，2019 年 5 月 27 日筆者拍攝於新店區屈尺里屈尺國小。
- 照片 2-9　2019 年 6 月 9 日筆者拍攝於新店區龜山里新北市新（小）巴士龜山線站牌桂山路 206 號附近
- 照片 2-10　2019 年 7 月 15 日筆者拍攝於新店區小坑二路印月禪寺附近
- 照片 2-11　明信片由筆者收藏
- 照片 2-12　2019 年 7 月 15 日筆者拍攝於烏來區新烏路下龜山橋
- 照片 2-13　2019 年 8 月 2 日筆者拍攝於烏來區福山里福山國民小學
- 照片 2-14　2019 年 7 月 29 日筆者拍攝於烏來區孝義里桶後林道起點
- 照片 2-15　2019 年 7 月 16 日筆者拍攝於烏來區福山里屯鹿
- 照片 2-16　照片由筆者收藏
- 照片 2-17　2019 年 7 月 29 日筆者拍攝於烏來區烏來街烏來橋

下篇 . 田野調查手記

- 照片 3-5　2019 年 8 月 29 日筆者拍攝於三峽區竹崙里竹崙路
- 照片 3-6　2019 年 8 月 29 日筆者拍攝於三峽區金圳里插角國學金敏分校正門
- 照片 3-7　2019 年 9 月 9 日筆者拍攝於三峽區滿月圓國家森林遊樂園東滿步道
- 照片 3-8　2019 年 9 月 9 日筆者拍攝於三峽區滿月圓國家森林遊樂園
- 照片 3-9　2019 年 9 月 10 日筆者拍攝於三峽區蚋子溪生態步道
- 照片 3-10　2019 年 9 月 10 日筆者拍攝於三峽區東眼橋

APPENDIX

地圖資料來源

圖一

佚名，臺灣內山番社地輿全圖，墨印，光緒十四年（1888）印本，（北京）中國國家圖書館藏。

圖二

1895 年臺灣蕃地圖；摘自郭俊麟主編，郭俊麟、魏德文、鄭安晞、黃清琦著，《臺灣原住民族歷史地圖集》（臺北：原住民族委員會，2016 年 4 月），頁 Ⅲ 3.03a。

圖三

1896 年臺灣總督府民政局殖產部臺灣產業調查表的附圖；摘自林滿紅，《茶、糖、樟腦業與臺灣之社會經濟變遷（1860-1895）》（臺北：聯經出版事業，2001 年 11 月四刷），頁 65。

圖四

光緒四年（1878）全臺前後山輿圖．繪出今新北市新店區與三峽區；摘自夏獻綸審訂，余寵繪圖監刻，《清光緒四年全臺前後山輿圖》（臺北：南天書局，1997 年 3 月）。

圖五

1897 年《臺北縣南北溪附近生蕃各地名山林之圖》；摘自王學新編譯，《日治時期臺北桃園地區原住民史料彙編之一—理蕃政策》（南投：國史館臺灣文獻館，2011 年 12 月），頁 269。

圖六

北勢溪、後坑仔溪與后坑子口

伊能嘉矩蒐集，《北蕃圖—第四號屈尺》明治 41 年 10 月（1908.10）調製：國立臺灣大學 5 樓特藏資料區臺灣研究開架區特藏臺灣舊籍影本，索書號 660.9/4032

圖七

舊ラガ社與ラガ社（舊納仔社與納仔社）

伊能嘉矩蒐集，《北蕃圖—第五號大豹社》明治 41 年 10 月（1908.10）調製；國立臺灣大學 5 樓特藏資料區臺灣研究開架區特藏臺灣舊籍影本，索書號 660.9/4032

圖八

北蕃圖繪出日治初期哈盆越嶺道

伊能嘉矩蒐集，《北蕃圖》明治 41 年 10 月（1908.10）調製：國立臺灣大學 5
樓特藏資料區臺灣研究開架區特藏臺灣舊籍影本，索書號 660.9/4032

圖九
北蕃圖繪出日治初期蛉仔格（窗仔格）、塞口山、白石下
伊能嘉矩蒐集，《北蕃圖》明治 41 年 10 月（1908.10）調製：國立臺灣大學 5
樓特藏資料區臺灣研究開架區特藏臺灣舊籍影本，索書號 660.9/4032

圖十
北蕃圖繪出日治初期大豹社及其他番社
伊能嘉矩蒐集，《北蕃圖》明治 41 年 10 月（1908.10）調製：國立臺灣大學 5
樓特藏資料區臺灣研究開架區特藏臺灣舊籍影本，索書號 660.9/4032

拉頁
李維漢繪製，2019 年 11 月電腦繪圖，《臺灣內山番社地輿全圖》對照考證：新北、
桃園、宜蘭山區圖。

参考與徵引書目

一、史料文獻

1. Camille Imbault-Huart 著，黎烈文譯，《臺灣島之歷史與地誌》，臺北：臺灣銀行經濟研究室，1958 年 3 月。

2. James Wheeler Davidson 著，蔡啟恆譯，《臺灣之過去與現在（第一冊）》，臺北：臺灣銀行，1957 年 9 月。

3. James Wheeler Davidson 著，蔡啟恆譯，《臺灣之過去與現在（第二冊）》，臺北：臺灣銀行，1957 年 9 月。

4. 文崇一、蕭新煌，《烏來鄉志》，臺北：烏來鄉公所，1997 年 5 月再版。

5. 王明義總纂，《三峽鎮志》，臺北：三峽鎮公所，1993 年 6 月。

6. 王學新編譯，《日治時期臺北桃園地區原住民史料彙編之一 —— 理蕃政策》，南投：國史館臺灣文獻館，2011 年 12 月。

7. 王學新編譯，《日治時期臺北桃園地區原住民史料彙編之二 —— 蕃地拓殖》，南投：國史館臺灣文獻館，2011 年 12 月。

8. 尹章義編纂，《新店市誌》，臺北：新店市誌編纂委員會，1994 年 2 月。

9. 伊能嘉矩蒐集，《北蕃圖——第四號屈尺》明治 41 年 10 月（1908.10）調製：國立臺灣大學 5 樓特藏資料區臺灣研究開架區特藏臺灣舊籍影本，索書號 660.9／4032

10. 伊能嘉矩蒐集，《北蕃圖——第五號大豹社》明治 41 年 10 月（1908.10）調製：國立臺灣大學 5 樓特藏資料區臺灣研究開架區特藏臺灣舊籍影本，索書號 660.9／4032

11. 伊能嘉矩蒐集，《北蕃圖》明治 41 年 10 月（1908.10）調製：國立臺灣大學 5 樓特藏資料區臺灣研究開架區特藏臺灣舊籍影本，索書號 660.9／4032

12. 伊能嘉矩著，江慶林等譯，《臺灣文化志（中譯本）中卷》，臺中：臺灣省文獻委員會，1991 年 6 月。

13. 伊能嘉矩著，江慶林等譯，《臺灣文化志（中譯本）下卷》，臺中：臺灣省文獻委員會，1991 年 6 月。

14. 伊能嘉矩原著，楊南郡譯註，《臺灣踏查日紀（上冊）》，臺北：遠流出版事業，2000 年 10 月三刷。

15. 沈葆楨，《福建臺灣奏摺》，臺北：臺灣銀行，1959 年 2 月。

16. 佚名，《臺灣內山番社地輿全圖》，墨印，清光緒年間印本，（北京）中國國家圖書館藏。

17. 李汝和主修，《臺灣省通志（卷八同胄志第五冊）—— 泰雅族、賽夏族、布農族篇》，臺中：18. 臺灣省文獻委員會，1972 年 6 月。

19. 吳密察主編，《淡新檔案（八）—— 行政編、建設類：鹽務、樟腦》，臺北：國立臺灣大學圖書館，2001 年 6 月。

20. 林玉茹、詹素娟、陳志豪主編，《紫線番界 —— 臺灣田園分別墾禁圖說解讀》，臺北：中央研究院臺灣史研究所，2015 年 12 月。

21. 委員會，《農民曆》，新北：廣興長福巖清水祖師廟委員會，2017 年 10 月。

22. 高賢治編著，《大臺北古契字集》，臺北：臺北市文獻委員會，2002 年 12 月。

23. 高賢治編著，《大臺北古契字二集》，臺北：臺北市文獻委員會，2003 年 12 月。

24. 高賢治編著，《大臺北古契字四集》，臺北：臺北市文獻委員會，2007 年 11 月。

25. 財團法人，《太平宮農民曆》，新北：財團法人新北市新店太平宮，2018 年 10 月。

26. 宮本延人著，魏桂邦譯，《臺灣的原住民族 —— 以世界觀研究臺灣原住民之作》，臺北：晨星出版社，1998 年 2 月四刷。

27. 桃園廳編纂，《桃園廳志》，桃園：桃園廳，1906 年 5 月。

28. 馬偕（George Leslie Mackay）原著，周學普譯，《臺灣六記》，臺北：臺灣銀行經濟研究室，1960 年 1 月。

29. 許家華、劉芝芳總編輯，《烏來鄉志》，臺北：烏來鄉公所，2010 年 9 月。

30. 曹永和總纂，《日據前期臺灣北部施政紀實——警察篇、政治篇》，臺北：臺北市文獻委員會，1985 年 6 月。

31. 夏獻綸審訂，余寵繪圖監刻，《清光緒四年全臺前後山輿圖》，臺北：南天書局，1997 年 3 月。

32. 陳宗仁，《晚清臺灣番俗圖》（臺北：中央研究院臺灣史研究所暨中央研究院數位文化中心，2013 年 8 月）。

33. 陳培桂，《淡水廳志（第一冊）》，臺北：臺灣銀行，1963 年 8 月。

34. 陳茂泰編著，《臺北縣烏來鄉泰雅族耆老口述歷史》，臺北：臺北縣政府文化局，2001 年 4 月）。

35. 陳存良譯，《文山‧海山郡彙編（下）》，臺北：臺北縣政府文化局，2001 年 12 月。

36. 森丑之助原著，黃耀東譯，《日據時期本省山地同胞生活狀態圖集（原名臺灣蕃族圖譜／ 1915 年版）》，臺中：臺灣省文獻委員會，1983 年 6 月。

37. 森丑之著原著，楊南郡譯註，《生蕃行腳 —— 森丑之助的臺灣探險》，臺北：遠流出版事業，2000 年 1 月。

38. 葉高華編著，蘇峯楠地圖繪製，《十八世紀末御製臺灣原漢界址圖解讀》，臺北：南天書局，2017 年 11 月。

39. 農林航空測量隊，《測量隊調查報告第十二號 ——烏來事業區森林資源》，南投：臺灣省農林航空測量隊，1962 年 4 月。

40. 鈴木質原著，林川夫審訂，《臺灣蕃人風俗誌》，臺北：武稜出版，1998 年 11 月三刷。

41. 郭俊麟主編，郭俊麟、魏德文、鄭安晞、黃清琦著，《臺灣原住民族歷史地圖集》，臺北：原住民族委員會，2016 年 4 月。

42. 張瑞禎、陳勝榮，《泰雅文化在烏來—— 社會科鄉土文化教材蒐集與整理》，臺北：臺北縣立烏來國民小學，1989 年 8 月。

43. 管委會，《潤濟宮農民曆》，新北：潤濟宮管理委員會，2018 年 10 月。

44. 管委會，《新店日興宮農民曆》，新北：日興宮管理委員會，2018 年 10 月。

45. 臺灣總督府警務局，《臺北州蕃地里程表》，臺北：臺灣日日新報，1935 年 12 月。

46. 臺灣總督府警務局，《高砂族調查書（第一冊至第六冊）》，臺北：南天書局，1994 年 10 月。

47. 臺灣總督府警務局理蕃課原著，中央研究院民族學研究所編譯，《高砂族調查書——番社概況》，臺北：中央研究院民族學研究所，2011 年 12 月。

48. 臺灣總督府警務局，《理蕃志稿（1918 年版／第一卷至第四卷）》，臺北：

南天書局，1995 年 10 月。

49. 臺灣總督府臨時臺灣舊慣調查會原著，中央研究院民族學研究所編譯，《蕃族慣習調查報告書（第一卷）泰雅族》，臺北：中央研究院民族學研究所，1996年 6 月。

50. 臺灣總督府臨時臺灣舊慣調查會原著，中央研究院民族學研究所編譯，《蕃族調查報告書（第五冊）泰雅族——前篇》，臺北：中央研究院民族學研究所，2012 年 10 月。

51. 臺灣總督府臨時臺灣舊慣調查會原著，中央研究院民族學研究所編譯，《蕃族調查報告書（第七冊）泰雅族——後篇》，臺北：中央研究院民族學研究所，2010 年 12 月。

52. 臺灣總督府警察本署編，陳金田譯，《日據時期原住民行政志稿（原名理蕃志稿／ 1918 年版）第一卷》，南投：臺灣省文獻委員會，1997 年 10 月。

53. 臺灣慣習研究會原著，程大學等編譯，《臺灣慣習紀事（第壹卷上）中譯本》，臺中：臺灣省文獻委員會，1984 年 6 月。

54. 諸家，《臺灣關係文獻集零（第二集）》，臺北：臺灣銀行，1972 年 12 月。

55. 劉銘傳，《劉壯肅公奏議（第一冊）》，臺北：臺灣銀行，1958 年 9 月。

56. 劉銘傳，《劉壯肅公奏議（第二冊）》，臺北：臺灣銀行，1958 年 9 月。

57. 劉銘傳，《劉壯肅公奏議（第三冊）》，臺北：臺灣銀行，1958 年 9 月。

58. 臨時臺灣舊慣調查會，《臺灣蕃族慣習研究（第一冊至第八冊）》，臺北：南天書局，1995 年 10 月。

59. 雞籠文史協進會編纂，《增修新店市志》，臺北：臺北縣新店市公所，2000年 2 月。

二、專書論文

1. 尤瑪・達陸，《祖靈的盛裝》，苗栗：苗栗縣原住民工藝協會，2007 年 6 月。

2. 王一婷編著，《臺灣的古道》，臺北：遠足文化出版，2002 年 5 月。

3. 王林生編著，《烏來》，臺中：三久出版社，1997 年 2 月。

4. 中華汽車，《中華汽車完全古道手冊》，臺北：中華汽車，1998 年 5 月。

5. 瓦歷斯・諾幹、余光弘，《泰雅族史篇》，南投：國史館臺灣文獻館，2002 年12 月。

6. 甲斐鷹丸，《臺灣北部番人蕃地一斑》，東京：遺澤堂，1903 年 12 月。

7. 永和社區大學，《當青蛙來敲門：新店溪左岸的濕地故事》，臺北：左岸文化，2005 年 12 月。

8. 江桂珍，《再現傳統的實踐——烏來泰雅族的文化圖像》，臺北：國立歷史博物館，2010 年 8 月。

9. 宋神財（Alow・Hola）編著，《時代與遭遇——南勢溪流域泰雅族部落文化紀錄與研究》，新北：新北市文史學會，2013 年 12 月。

10. 李宗信，《瑠公大圳》，臺北：玉山社，2018 年 6 月三刷。

11. 李順仁，《新店生態文史一百點》，臺北：拳山堡文史工作室，2001 年 11 月。

12. 李順仁，《渡過新店溪》，臺北：拳山堡文史工作室，2002 年 11 月。

13. 李順仁，《碑情城市——新店地區石碑的歷史意義》，臺北：拳山堡文史工作室，2004 年 11 月。

14. 李力庸、張素玢、陳鴻圖、林蘭芳主編，《新眼光——臺灣史研究面面觀》，臺北：稻鄉出版社，2013 年 8 月。

15. 東森電視，《臺灣部落尋奇 —— 部落民宿、探險、玩樂》，臺北：東森華榮傳播事業，2003 年 10 月。

16. 周憲文，《清代臺灣經濟史》，臺北：臺灣銀行，1957 年 3 月。

17. 林月娥等，《來去三角湧：三峽步道》，臺北：聯經出版社，2000 年 5 月。

18. 林滿紅，《茶、糖、樟腦業與臺灣之社會經濟變遷（1860-1895）》，臺北：聯經出版事業，2001 年 11 月四刷。

19. 林煙庭，《臺灣古道特輯》，臺北：國民旅遊出版社，1999 年 12 月。

20. 林炯任，《藍金傳奇——三角湧染的黃金歲月》，臺北：臺灣書房，2008 年 12 月。

21. 林倩綺總編輯，《藝覽山水 —— 新店溪軸帶》，新北：新北市政府文化局，2011 年 12 月。

22. 林鴻忠、李文綾主編，《太平山的故事 —— 口述林業史 1915~2006》，羅東：行政院農業委員會林務局羅東林區管理處，2007 年 6 月。

23. 洪敏麟，《臺灣舊地名之沿革（第一冊）》，臺北：臺灣省文獻委員會，1999 年 6 月四版。

24. 柳翱，《永遠的部落 —— 泰雅筆記》，臺中：晨星出版社，2001 年 5 月二版。

25. 柯志明，《番頭家 —— 清代臺灣族群政治與熟番地權》，臺北：中央研究院社會學研究所，2001 年 3 月。

26. 施添福總編纂，《臺灣地名辭書 —— 卷十六臺北縣（上冊）》，南投：國史館臺灣文獻館，2013 年 9 月。

27. 娃利斯·羅干，《泰雅腳蹤》，臺中：晨星出版社，2001 年 7 月。

28. 根誌優，《臺灣原住民歷史變遷 —— 泰雅族》，臺北：臺灣原住民出版有限公司，2008 年 9 月。

29. 唐贊袞，《臺陽見聞錄》，臺北：臺灣銀行，1958 年 11 月。

30. 高俊宏，《橫斷記 —— 臺灣山林戰爭、帝國與影像》，新北：遠足文化出版，2017 年 10 月。

31. 徐美玲，《臺北縣烏來鄉生態旅遊手冊》，臺北：臺北縣烏來鄉公所，2004 年 12 月。

32. 悠蘭·多又，《泰雅織影》，臺北：稻鄉出版社，2004 年 6 月。

33. 黃炫星，《臺灣的古道》，臺中：臺灣省政府新聞處，1991 年 9 月。

34. 黃育智（Tony Huang），《古道紀行》，臺北：南港山文史工作室，2004 年 12 月二刷。

35. 黃育智（TONY），《臺灣古道地圖（北部篇）》，臺中：晨星出版，2012 年 8 月。

36. 黃福森，《走向古道，來一場時空之旅（北臺灣篇）》，臺北：時報文化出版，2016 年 11 月。

37. 黃應貴，《臺灣土著社會文化研究論文集》，臺北：聯經出版事業，1998 年 1 月四刷。

38. 許毓良，《清代臺灣的海防》，北京：社會科學文獻出版社，2003 年 7 月。

39. 許毓良，《清代臺灣軍事與社會》，北京：九州出版社，2008 年 11 月。

40. 連丁幼主編，《山水烏來泰雅情——臺北縣烏來泰雅民族博物館導覽手冊》，臺北：臺北縣政府文化局，2005 年 7 月。

41. 莊志強，《泰雅族獵人養成之文化底蘊及其教育價值》，花蓮：國立東華大學原住民民族學院，2014 年 10 月。

42. 莊華堂，《百年暗坑史話 —— 安坑文史與土匪窟的故事》，臺北：採茶文化工作室，2003 年 2 月。

43. 莊華堂，《平潭春秋》，臺北：採茶文化工作室，2004 年 12 月。

44. 莊華堂，《土匪窟的故事 —— 獅仔頭山的歷史與藝文》，臺北：採茶文化工作室，2008 年 2 月。

45. 莊華堂，《一樣的月光》，臺北：唐山出版社，2009 年 11 月。

46. 夏聖禮，《心遠地自偏 —— 文山地區文史觀察與紀錄》，臺北：街頭巷尾文史紀錄工作室，2005 年 10 月。

47. 夏聖禮，《雙城記 —— 新店市頂城、下城里人文風情》，臺北：臺北縣文史學會，2008 年 11 月。

48. 夏聖禮，《臺北屈尺道 —— 百年尋跡》，臺北：臺北縣文史學會，2008 年 12 月。

49. 夏聖禮，《村光乍現 —— 新店溪中上游山區產業生活紀實》，臺北：臺北縣文史學會，2010 年 11 月。

50. 夏聖禮，《沃野千里之水圳：瑠公圳引水石硿與大坪林圳引水石腔歷史研究資源手冊》，新北：新北市文史學會，2016 年 12 月。

51. 夏聖禮，《世紀風華 —— 記山坪（珊屏）劉氏家族大坪林拓墾》，臺北：街頭巷尾工作室，2018 年 12 月。

52. 夏聖禮編著，《店仔腳頂的歲月 —— 新店十四張文化資產紀錄與研究》，臺北：臺北縣文史協會，2006 年 12 月。

53. 夏聖禮編著，《新店溪水天上來 —— 瑠公圳新店段與大坪林圳空間歷史書寫》，臺北：街頭巷尾文史工作室，2011 年 12 月。

54. 夏聖禮、楊德聲，《村光再現 —— 大文山地區產業達人生活紀實》，新北：新北市文史學會，2011 年 12 月。

55. 夏聖禮、高淑華編著，《五重溪谷之城與莊 —— 安坑的空間歷史書寫》，新北：新北市文史學會，2016 年 12 月。

56. 傅琪貽、戴肇洋，《原住民重大歷史事件 —— 大嵙崁事件（1885~1910）》，臺北：財團法人臺灣綜合研究院，2003 年 11 月。

57. 黑帶巴彥，《泰雅人的生活型態探源 —— 一個泰雅人的現身說法》，新竹：新竹縣文化局，2002 年 3 月。

58. 陳盈卉，《烏來‧坪林》，臺北：小知堂文化事業，1999 年 7 月。

59. 陳偉智，《伊能嘉矩：臺灣歷史民族誌的展開》，臺北：國立臺灣大學出版中心，2015 年 6 月三刷。

60. 陳孔立主編，《臺灣研究十年》，臺北：博遠出版，1991 年 11 月。

61. 溫振華，《清代新店地區社會經濟之變遷》，臺北：臺北縣政府文化局，2000 年 12 月。

62. 瑪薩瓦旦（林誠榮）編輯，《臺灣泰雅族瑪薩瓦旦家志》，桃園：編者自行出版，2003 年 8 月。

63. 葉春暉，《臺灣溪流釣場探秘（3）—— 南勢溪上輯》，臺北：民生報社，1987 年 12 月。

64. 葉春暉，《臺灣溪流釣場探秘（2）—— 北勢溪下輯》，臺北：民生報社，1987 年 8 月二刷。

65. 郭雪月總編，黃昭琴、劉家齊撰文，《大台北後花園 —— 泰雅族的故鄉：烏來》，臺北：臺北縣政府建設局觀光課，1997 年 12 月。

66. 郭俊麟主編，郭俊麟、魏德文、鄭安晞、黃清琦著，《臺灣原住民族歷史地圖集導讀指引》，臺北：原住民族委員會，2016 年 4 月。

67. 張致遠，《泰雅族風情》，臺北：星光出版社，1983 年 3 月。

68. 趙俊祥編著，《平潭春秋 —— 河左岸碧潭風情》，臺北：臺北縣新店市平潭社區發展協會，2006 年 11 月。

69. 廖守臣，《泰雅族的社會組織》，花蓮：慈濟醫學暨人文社會學院，1998 年 8 月。

70. 廖倫光，《大漢溪流域的三峽莊》，臺北：行政院客家委員會，2005 年 12 月再版。

71. 遠景出版編輯部，《烏來 —— 歌舞的瀑布》，臺北：新北市政府文化局，2011 年 11 月。

72. 劉克襄，《北臺灣漫遊 —— 不知名山徑指南①》，臺北：玉山社，2009 年 4 月四刷。

73. 劉克襄策畫，《探險家在臺灣》，臺北：自立晚報社文化出版部，1993 年 6 月第二版。

74. 劉菊珍等總編，《魅綠四射 —— 親近大豹溪》，臺北：有五角三校策略聯盟，2007 年 12 月。

75. 劉還月編著，李娜莉、涂麗娟撰文，《淡水河系人文地景完全閱讀》，臺北：常民文化事業，2001 年 9 月。

76. 編者，《古道之旅》，臺北：交通部觀光局，1998 年 7 月再版。

77. 鄭安晞，〈日治時期蕃地隘勇線的推進與變遷（1895-1920）〉，臺北：國立政治大學民族學系博士論文，2011 年 6 月。

78. 鄭安晞、許維真譯著，《烏來的山與人》，臺北：玉山社，2009 年 10 月。

79. 魏德文、高傳祺、林春吟、黃清琦，《測量臺灣 —— 日治時期繪製臺灣相關地圖》，臺北：南天書局，2008 年 1 月。

80. 簡福正等編審，《烏來導覽手冊》，臺北：烏來鄉公所，2008 年 12 月二版。

81. 簡俱璞、張榕容，《烏來泰雅漁獵記》，臺北：臺北縣風景特定區管理所，2006 年 12 月。

82. 高俊宏，《拉流斗霸 —— 尋找大豹社事件隘勇線與餘族》，新北：遠足文化出版，2020 年 12 月。

三．期刊雜誌

1. 洪健榮，〈空間文化意象的重塑：二十世紀前期外來殖民勢力擴張下的三峽大豹社域〉，《輔仁歷史學報》，第 31 期，2013 年 9 月，頁 261-324。

2. 溫振華，〈烏來泰雅族社會經濟變遷（約 1730-1945）〉，《北縣文化》，第 54 期，1997 年 10 月，頁 4-14。

四、報紙

1. 中央社新北訊，〈相約烏來泡湯趣‧家中毛小孩共享溫馨〉，《臺灣時報》（臺北），2017 年 11 月 3 日，第 12 版旅遊。

2. 王筱君，〈烏來微旅行‧遠離塵囂享能靜〉，《聯合報》（臺北），2016 年 2 月 4 日，C8 版旅遊休閒。

3. 本社，〈搶救烏來 100 人失聯 2100 人受困特種部隊搜救〉，《臺灣時報》（臺北），2015 年 8 月 10 日，第 1 版要聞

4. 杜德義，〈烏來福山部落悠遊行體驗泰雅文化〉，《臺灣時報》（臺北），2018 年 6 月 15 日，第 13 版大臺北焦點。

5. 李易昌、王柔婷、魏莨伊、王長鼎，〈烏來重創屋毀樹倒馬路被沖斷〉，《聯合報》（臺北），2015 年 8 月 10 日，A3 版焦點

6. 徐定遠、張明哲、韓博文，〈烏來泰雅族編織・針織女王結合文化首選臺灣〉，《旺來報》（臺北），2019 年 1 月 27 日，C1 版伊林 X 設計師的時尚伸展台。

7. 陳志仁，〈烏來泰雅文化季盼重振觀光〉，《臺灣時報》（臺北），2018 年 6 月 15 日，第 12 版北北桃綜合。

8. 陳志東，〈珠蔥・吃一口春天的滋味〉，《中國時報》（臺北），2017 年 2 月 18 日，C4 版有滋有味。

9. 陳彥豪，〈新北烏來森呼吸〉，《蘋果日報》（臺北），2019 年 6 月 26 日，E1 版蘋果副刊旅遊趣。

10. 陳珮琦，〈烏來春小旅來當泰雅弓箭手〉，《聯合報》（臺北），2016 年 3 月 16 日，B2 版北市要聞。

11. 陳珮琦，〈福山打造藝術村賣獵人便當〉，《聯合報》（臺北），2017 年 1 月 3 日，B2 版全臺要聞

12. 葉書宏、池雅蓉、郭吉銓、李明賢，〈烏來宛如孤島 2100 人受困百人失聯〉，《中國時報》（臺北），2015 年 8 月 10 日，A1 版要聞

13. 葉書宏、孟祥傑，〈雨再襲往烏來的路通了又塌〉，《中國時報》（台北），2015 年 8 月 11 日，A3 版蘇迪勒過後前進烏來；

14. 張安蕎、吳仁捷、曾健銘、黃捷，〈烏來聯外新烏路今恢復通車〉，《自由時報》（臺北），2015 年 8 月 12 日，A4 版蘇迪勒 88 虐臺

15. 劉力仁，〈利奇馬來襲各地累積雨量表〉，《自由時報》（臺北），2019 年 8 月 10 日，A3 版焦點新聞。

16. 呂思逸，〈畫部落地圖為烏來寫風災歷史〉，《聯合報》（臺北），2015 年 8 月 24 日，B 版大臺北焦點 / 運動。

17. 呂思逸，〈烏來老街重建要學習部落智慧〉，《聯合報》（臺北），2015 年 8 月 24 日，B 版大臺北焦點 / 運動。

18. 池雅蓉、葉書宏，〈老街共餐生疏鄰居羈絆變深〉，《中國時報》（臺北），2015 年 8 月 13 日，A3 版焦點新聞。

19. 歐蜜·偉浪、烏杜夫·勒巴克，〈一個爐灶一起吃飯〉，《自由時報》（臺北），2018 年 10 月 21 日，A15 版自由廣場。

20. 吳志雲，〈烏來泰雅織女考古・失傳織紋重現頭飾〉，《聯合晚報》（新北），2019 年 10 月 22 日，B7 版新聞 ing。

國家圖書館出版品預行編目(CIP)資料

光緒十四年（1888）臺灣內山番社地輿全圖所見的新北山區：一段清末開山撫番的歷史追尋／許毓良作.-- 初版.-- 新北市：
遠足文化, 2019.11
　　面；　　公分.--(見聞.影像；8)
ISBN 978-986-508-049-5(平裝)

1.臺灣史 2.原住民 3.清代

733.229   108019349

本書由「108年新北市政府文化局地方史研究調查計畫補助案」補助出版

特別聲明：
有關本書中的言論內容，不代表本公司／出版集團的立場及意見，由筆者自行承擔文責

遠足文化

讀者回函

見聞・影像 visits & images 8

光緒十四年（1888）**臺灣內山番社地輿全圖所見的新北山區：一段清末開山撫番的歷史追尋**

筆者・許毓良｜**責任編輯**・龍傑娣｜**協力編輯**・胡慧如｜**美術設計**・林宜賢｜**出版**・遠足文化 第二編輯部｜**社長**・
郭重興｜**總編輯**・龍傑娣｜**發行人兼出版總監**・曾大福｜**發行**・遠足文化事業股份有限公司｜**電話**・02-22181417｜**傳
真**・02-86672166｜**客服專線**・0800-221-029｜**E-Mail**・service@bookrep.com.tw｜**官方網站**・http://www.bookrep.com.tw｜**法律
顧問**・華洋國際專利商標事務所・蘇文生律師｜**印刷**・凱林彩印股份有限公司｜**初版**・2019年11月｜**二刷**・2021年2月｜
定價・550元｜**ISBN**・978-986-508-049-5｜**版權所有・翻印必究**｜本書如有缺頁、破損、裝訂錯誤，請寄回更換